# Das Austauschspiel
## Gruppenarbeit zur Architekturvermittlung

Eine erfolgreiche Methode der Gruppenarbeit zur
Architekturvermittlung erprobt von der Volksschule bis zur
Erwachsenenbildung

Wien 2007

Ambros Spiluttini

IMPRESSUM
Bibliografische Information der Deutschen Nationalbibliothek: Die Deutsche Nationalbibliothek
verzeichnet diese Publikation in der Deutschen Nationalbibliografie; detaillierte bibliografische
Daten sind im Internet über dnb.dnb.de abrufbar.

Das Austauschspiel
Herausgegeben von: Ambros Spiluttini Währinger Strasse 23, 1090 Wien
office@spiluttini.cc
Grafische Gestaltung: Ambros Spiluttini
Fotosgrafie: Ambros Spiluttini

Herstellung und Verlag: BoD - Books on Demand, Norderstedt
Wien im Juni 2020

ISBN  9783751952156

# Das Austauschspiel
## Gruppenarbeit zur Architekturvermittlung

Danke Michael Sorkin

# Inhalt

Abb. 01: „EQ_01", Karla und Ambros Spiluttini

# 1. Einleitung

Unter dem Namen „**exquisite corpse**" versteht man in den USA ein weit verbreitetes Gesellschaftsspiel. Man schreibt oder zeichnet auf einen Teil eines Zettels, faltet ihn, sodass das Geschriebene bzw. Gezeichnete nicht sichtbar ist, und übergibt den Zettel dem nächsten Teilnehmer. Dieser ergänzt den Satz oder die Zeichnung und gibt den gefalteten Zettel wieder weiter. Dieser Vorgang wird solange wiederholt bis der Zettel schließlich voll ist. Dann wird geöffnet und ein für alle unerwarteter Satz bzw. eine überraschende Zeichnung treten zu Tage. Hier wird „exquisite corpse" mit **Austauschspiel** übersetzt. Mit der aus den Worten Austausch- und Spiel zusammengesetzten Wortschöpfung, wird das Wesentliche betont. Zentraler Punkt ist das **Wechseln von Medien, Material, Arbeitsplätzen oder Standpunkten**. Die Art und Weise wie das Austauschen bewerkstelligt wird sollte spielerisch sein. Spielerisch heißt mit der **gebührenden Ernsthaftigkeit** gestalten. Unter Spielen kann aber auch ungestraft **etwas Neues auszuprobieren** verstanden werden. Diese Übersetzung kann leider die vielschichtigen Bedeutungen, die dieses Spiel im englischsprachigen Raum genießt, nicht transportieren. Wie zum Beispiel eine lebendige Erinnerung an den ersten Satz der auf diese Weise von einer Gruppe von Surrealisten um Andre Breton verfasst worden sein soll: „the exquisite corpse will drink the young wine." Auch die uneingeschränkte Popularität, die dieses variantenreiche Spiel im nordamerikanischen Raum hat, kann durch diese Übersetzung nicht transportiert werden.

Alles, was in diesem Artikel dargelegt wird, ist sicher so oder in ähnlicher Form bekannt oder früher schon einmal da gewesen. Vieles ist sogar Bestandteil des täglichen Lebens zum Beispiel eines Architekten oder Künstlers. Das Neue ist die Zusammensetzung, die Abfolge der Arbeitsschritte und die relativ kurze Zeiteinheit in der alles ausgeführt wird. Am erstaunlichsten dabei sind die Ergebnisse, die die Teilnehmer erzielen können. Das positive Feedback und das zunehmende Interesse an dieser Methode resultieren in den Versuch eine schriftliche Darstellung des Austauschspieles zu unternehmen. Die Schwierigkeit besteht darin, einen auf die Praxis aufbauenden und eigentlich nur durch „**learning by doing**" vermittelbaren Ansatz im Rahmen eines Aufsatzes zu erläutern. Um diesen Unmittelbarkeit dieses Ansatzes nicht ganz zu verlieren möge der geschätzte Leser nach der Lektüre der Anleitung einfach einen Selbstversuch starten und dabei wenigstens die kleinste Einheit, das Dreierprojekt, ein Simultanentwurf unter Zeitdruck mit Grundriss, Schnitt und Modell, im Teamwork ausprobieren.

Abb. 02: Dreierprojekt, 8GR Oberstufe

# 2. Geschichte

Michael Sorkin schreibt in der Einleitung zu seinem Buch „Exquisite Corpse, Writing on Buildings" über das Spiel und seine metaphorische Bedeutung:

> „The title of the book celebrates one of the mightiest repressed discourses of them all. It's drawn from the famous collaborative folded paper game beloved of the Surrealists, described by Breton as capable of "holding the critical intellect in abeyance and of fully liberating the mind's metaphorical activity". Never mind that it's the greatest portmanteau metaphor for modern culture ever, demanding that its maddening slippery concentration somehow be read, it's also a perfect image of the city, our greatest, most out-of-control collective artifact."
>
> M. Sorkin, *Exquisite corpse: Writing on buildings*. Verso, London, 1991.

Es sind also zwei Seiten in diesem Spiel vereint. Einerseits das normale, weithin bekannte **Gesellschaftsspiel**, das vor allem von und mit Kindern gespielt wird. Außer **kurzweiliger Unterhaltung** und eventuell **unerwarteten Ergebnissen** wird kein großer Anspruch an das Spiel und die Teilnehmer gestellt. Natürlich ist auch in diesem Fall die **gemeinschaftliche Kreativität** gefordert: das Werkstück (der Zettel Papier) entwickelt ein geheimnisvolles, da verstecktes, Eigenleben, das erst zum Schluss preisgegeben wird. Es gibt auch eindeutige Vorgaben, die trotz der großen Freiheit in der Gestaltung des eigenen Beitrages eingehalten werden müssen. Damit das Spiel funktionieren kann, sollte zum Beispiel nur auf dem dafür vorgesehenen Bereich des Blattes gezeichnet bzw. geschrieben werden und das restliche Blatt zur Bearbeitung durch die weiteren Teilnehmer frei bleiben. Ein zeitlicher Rahmen für die Fertigstellung der Beiträge ist zu fixieren, um eine gemeinschaftliche Weitergabe und die

Abb. 03: Modell 8GR, Oberstufe

Vollendung des Werkstückes mit anschließendem Auffalten zu ermöglichen. Je nach Spielart können weitere Einschränkungen bzw. Lockerungen der Regeln beschlossen werden. So könnte man zum Beispiel überlegen, aus Gründen der Verschmelzung des Ergebnisses nur eine begrenzte Anzahl von Farben zuzulassen oder aus Gründen der

Vielfalt gezielt möglichst viele Farben zu verwenden. Bei der Variation mit Sätzen wird mitunter sogar die Wortfolge (Substantiv, Prädikat, Präposition, usw.) vorgeschrieben, damit das Produkt wenigstens dem Satzbau nach konventionellen Sätzen entspricht. Eine andere, unter anderem von uns Schülern bevorzugte Variante wäre, beim gemeinschaftlichen Bilden eines Satzes auf das Falten zu verzichten, also die Entwicklung des Werkstückes sichtbar zu lassen, aber dafür auf die einschränkende Festsetzung der vorbestimmten Wortfolge zu verzichten. Auf diese Weise war die Kreativität und Innovationskraft beim Bilden längerer Sätze mehr gefordert, und die Individualität der Teilnehmer trat besser zutage. Auch hatte jeder Teilnehmer die Freiheit, den Satz mit seinem Beitrag zu beenden oder mit einem neuen Impuls für eine unerwartete Wendung bzw. Erweiterung des Satzes zu sorgen. Natürlich versuchten wir neben dem Bilden von unglaublich langen und verwirrenden Schachtelsätzen uns gegenseitig mit lustigen und überraschenden Einfällen zu übertreffen. In scheinbarem Gegensatz zu den einfachen Regeln des Spiels stehen andererseits die **mögliche Wirkmächtigkeit** und die **weitreichenden Interpretationen** der verschiedenen Spielarten dieses Prozesses. Das ist die zweite Seite des Austauschspieles. Es wird von der **Befreiung des Unterbewussten** aus der Geißel des Intellekts gesprochen. Es können sogar Querverbindungen zum vielschichtigen Entstehungs- und Entwicklungsprozess von Kultur als Gemeinsamkeit aller Lebensäußerungen der Bevölkerung gezogen werden. Der Architekturtheoretiker und Städtebauprofessor Michal Sorkin bezeichnet dieses Austauschspiel alias „exquisite corpse" als besonders kraftvolle Verbildlichung der Stadt. Die Stadt ist laut Sorkin unser größtes außer Kontrolle geratenes „Artefakt", dessen Entwicklung, wie Sorkin meint, einiges mit dem Austauschspiel zu tun hat. Bei der Verwendung des Austauschspieles als Hilfsmittel zur Architekturvermittlung ist neben dem spielerischen Faktor vordergründig die fast automatisch erzeugte Befreiung des Geistes das Wichtigste. Würden wir dem Kopf das rationale Denken und dem Bauch das Gefühl zuordnen, könnte man sagen: das Spiel unterstützt die **Unterdrückung des Kopfes und fördert die Befreiung des Bauches**. Das steht in scheinbarem Widerspruch zur Theorie von Sorkin, demzufolge „exquisite corpse" als Metapher für Stadt und moderne Kultur interpretiert wird. Der Behauptung, wir leben im Zeitalter des Gefühls, würden wohl die wenigsten beipflichten. Es handelt es sich wohl vielmehr um den Prozess in seiner vielschichtigen Gesamtheit, und um den damit verbundenen hohen Stellenwert der **multiplen Autorenschaft**, und um die **Unvorhersehbarkeit der Ergebnisse**, die zusammengenommen eine Metapher für unsere heutige Kultur darstellen. „Gegenwartskultur" kann nicht als statische Gesamtheit verstanden werden, sondern ist kontinuierlichen Veränderungen unterworfen. Im Zusammenhang mit dem Austauschspiel wird dieser dynamische Aspekt der kontinuierlichen unvorhersehbaren Entwicklung verdeutlicht. Ähnliches lässt sich auch über den Begriff Stadt sagen.

Abb. 04: Modellbau 1. Klasse:

# 3. Die Beschreibung des Austauschspieles

## Einleitung
Abgesehen von den Fallbeispielen und der Anleitung in den nächsten Kapiteln soll hier eine abstrakte Beschreibung der Qualitätskriterien und der Vorgehensweise gegeben werden, damit einerseits die Nachahmung erfolgreich sein kann und andererseits die tieferliegende Botschaft der Methode verdeutlicht werden kann. Ziel dieses Kapitels ist es, die Hauptbotschaft vom Beiwerk zu trennen, damit bei der Durchführung des Prozesses nicht die Übersicht verloren geht. Normalerweise ist dafür die Anwesenheit einer Person erforderlich, die diese Methode schon einige Male praktiziert und sozusagen am eigenen Körper erfahren hat.

### *Erfahrungsbericht: Collagen im Austauschspiel*
*Die erste Runde, zweiter Tag.*
*Nun war die andere Hälfte der ersten Klasse Volksschule dran. Die elf Schüler wurden auf die drei Werktische verteilt und es stand erneut nur eine Unterrichtseinheit zur Verfügung. Die Aufgabenstellung war die gleiche wie am ersten Tag, nämlich Schnitte in Collage-Technik mittels des Austauschspiels zu erzeugen. Ich hatte mir diesmal vorgenommen, meine Herangehensweise zu ändern. Konkret wollte ich meine Erwartungen den tatsächlichen Gegebenheiten anpassen und die Unterlagen so zeitig wie möglich wechseln lassen. Auf diese Weise sollte eine allzu große emotionale Bindung an ein Blatt verhindert werden. Ziel des Versuches war es, nun mehrere Blätter pro Tisch gemeinsam zu produzieren und auch gemeinschaftlich das Urhebergefühl dafür zu empfinden. Die Erde sollte diesmal mit braunem Packpapier dargestellt werden. Nach dem Ausschneiden und Aufkleben auf den weißen Hintergrund wurden sofort die Plätze getauscht. Es ergaben sich keine „Besitzprobleme", da in so kurzer Zeit keine Identifikation mit der Grundlage erfolgte. Es wurden allgemein die Spielregeln verstanden. Das Austauschen und das*

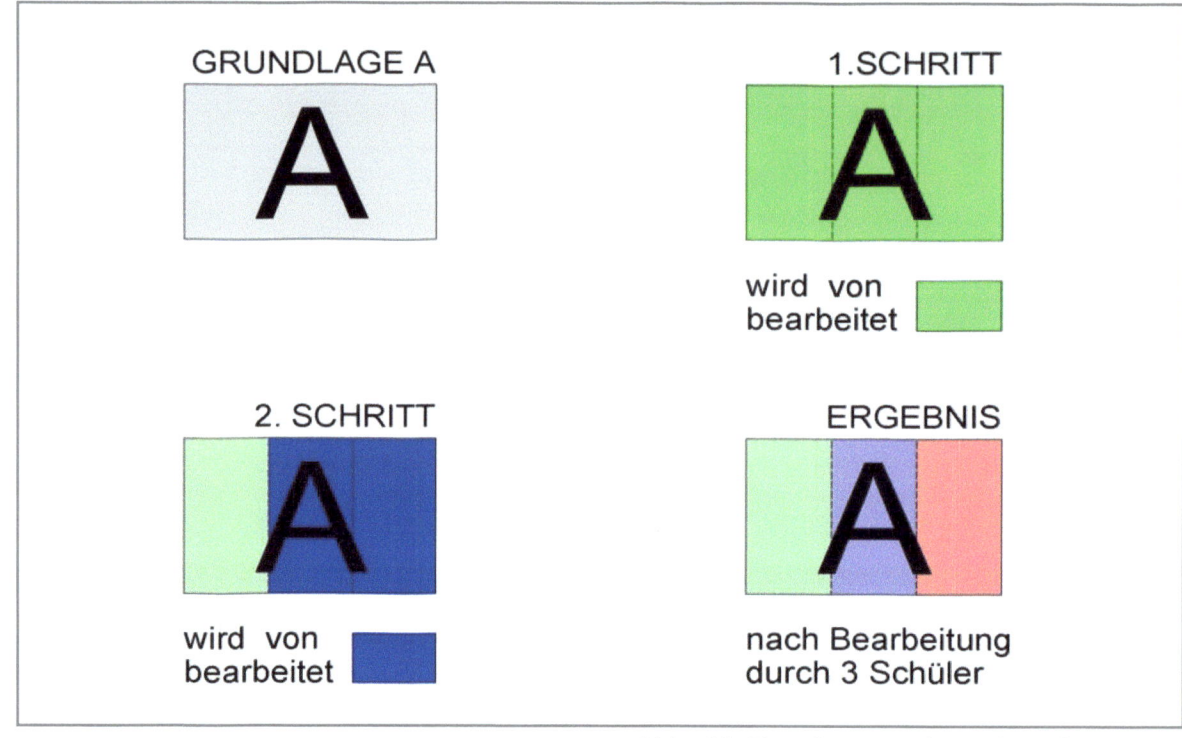

Abb. 05: Das Austauschen einer Grundlage

*gemeinsame Arbeiten war auf einmal kein Problem mehr. Bemerkenswert ist, dass sich jedoch wieder unterschiedliche "Tischmoden" ausgebildet haben: Einige Tische arbeiteten eher mit Linien, andere eher flächig. An manchen Tischen wurde die Schräge als Untergrund akzeptiert, anderswo hingegen als Hügel im Hintergrund interpretiert. Auffallend an diesem Tag war, dass es interessante Lösungen in Zusammenhang mit Erde, Höhlen und Keller (unterirdischen Gebäudeteilen) und oberirdischen Gebäudeteilen gab. Ob dies an meiner Motivation oder an dem speziellen Interesse einiger Schüler an diesem Thema lag, kann ich nicht beantworten. Sehr erfreulich für mich war der Umstand, dass bei der Kurzbefragung der Platztausch allgemein als anregend empfunden wurde. Kurz vor Ende der Stunde erhielten wir Besuch von der anderen Hälfte der Klasse, die sehr neugierig war und unbedingt unsere Werke sehen wollte. Mit dieser Stunde war der Beweis erbracht, dass es möglich ist, das Austauschspiel erfolgreich auf die Bedürfnisse einer 1.Klasse*
*Volksschule zu adaptieren. Während der Stunde waren die Schüler weder gelangweilt und unruhig, noch überfordert und unsicher. Letzteres hätte sich durch häufiges Fragen und Inaktivität ausgedrückt. Im Gegenteil: Ich hatte es sogar geschafft, dass die Kinder Spaß daran hatten und für die meiste Zeit konstruktiver Arbeitseifer vorherrschte. Was kann man von einer Bastelstunde in der ersten Klasse Volksschule noch mehr erwarten?*

## 3.1. Die drei Hauptkriterien

### 3.1.1. Das Austauschen
Eine Kurzbeschreibung des Austauschspieles wäre das **Bearbeiten von Werkstücken** unter Zeitdruck **mit nachfolgendem Austausch**. Grundsätzlich würde ich alles, was gemeinschaftlich zum Beispiel auf einem Blatt Papier erarbeitet wird, als Gruppenarbeit im Sinne eines Austauschspieles bezeichnen. Spannend wird es dann, wenn die Abgrenzung des eigenen Beitrags zu dem des Nachbarn im Nachhinein nicht mehr klar

Abb. 06: Austauschspiel mit Collagen, 1.Klasse Volksschule

nachvollziehbar ist. Das Werkstück entwickelt in diesem Fall ein „Eigenleben", das über die ursprüngliche Absicht der einzelnen Verfasser hinausgeht. Durch individuelles Bearbeiten und das anschließende Austauschen des Werkstückes oder auch nur das Tauschen der Bearbeitungsplätze bei einem Werkstück ergibt sich automatisch eine neue, vorher noch nicht da gewesene Situation. Zu Beginn ist die Ausgangsposition allen klar: zum Beispiel das weiße Blatt Papier. Bereits nach einem Bearbeitungsschritt ist die Situation völlig verändert, denn schon eine Linie, ein Punkt oder ein Schatten auf dem weißen Blatt haben für die zweite Runde eine andere Ausgangsposition geschaffen, auf die es zu reagieren gilt. Auf diese Weise entwickeln die **Werkstücke** nach und nach ein **Eigenleben,** das durch die abwechselnde Bearbeitung von mehreren Personen entsteht. Kein Einzelner hat die vollkommene Kontrolle über das Werkstück. Jeder Teilnehmer hat im demokratischen Sinn genau gleichviel Zeit zur

Verfügung, sich mit der Grundlage auseinander zu setzen und seine persönlichen Vorlieben und Ideen dort zu verwirklichen. Dabei ist es unerheblich, ob eine Person gewohnt ist, sich in der Gruppe durchzusetzen oder sich eher den anderen unterordnet. **Pro Zeiteinheit** darf **jeder Teilnehmer** nur auf dem ihm **zugeteilten Platz** bzw. auf dem ihm **zugeteilten Werkstück** arbeiten. Bei der Bearbeitung selbst sind dafür aber wenig Grenzen gesetzt. Das Werkstück kann nach Belieben ergänzt oder reduziert werden. Natürlich ist es erwünscht, bei einer Zeichnung eher zu Zeichnen und bei einer Collage eher flächig zu arbeiten. Es kann aufgrund grafischer Vorlieben auch eine Beschränkung bei den Arbeitsmitteln eingeführt werden, indem etwa nur ein Bleistift, wenige festgelegte Farben bei einer Zeichnung, oder nur wenige Arten von Karton beim Modellbau zu verwenden sind. Diese Beschränkungen sind eher „grafischer" Natur und können je nach Vorliebe eher einheitliche oder vielfältige Erscheinungsbilder der Endprodukte bewirken. Es sei noch einmal betont, dass im **Überarbeitungsprozess beliebig ergänzt oder eliminiert** werden kann. Der Workshopleiter ist dazu angehalten, möglichst wenige und allenfalls technische Anleitungen zur Bearbeitung zu geben. Er sollte sich zudem nicht an etwaigen Qualitätsdiskussionen beteiligen. Generell ist das gesprochene Wort beim kreativen Schaffensprozess unerwünscht. Der Austausch innerhalb der Gruppen sollte mit den Mitteln der Architektur und der Gestaltung geschehen: Zeichnen, malen, collagieren und Modellbau sind erwünscht, sprechen hingegen nicht. Naturgemäß tauchen am Anfang sehr viele Fragen auf. Typische Fragen lauten beispielsweise: „Was soll das?", „Was soll ich tun?" oder „Ist das richtig so?". Hier muss der Workshopleiter hart bleiben und nur im Rahmen der oben genannten Kriterien antworten, also etwa: „Du kannst hinzufügen und wegnehmen!", oder: „Super, weiter so!". In dieser Anfangsphase ist vor allem die Motivationsfähigkeit des Workshopleiters gefragt. Da alles erlaubt ist, ist grundsätzlich jeder Beitrag gut und begrüßenswert. Teil dieser Übung ist auch, dass die „Angst vor dem weißen Blatt" abgebaut wird. Primär ist wichtig, dass etwas produziert wird, wobei das Qualitätskriterium nicht vom Workshopleiter sondern gruppendynamisch eingeführt wird. Was in der Gruppe für „gut" befunden wird, setzt sich durch, bleibt bestehen und wird weiter bearbeitet. Was als „schlecht" eingestuft wird, verschwindet oder wird umgearbeitet. Das gilt sowohl für einen Arbeitsschritt als auch für den gesamten Prozess. Diese Entscheidung wird allein von der das Werkstück bearbeitenden Gruppe getroffen. Auf diese Weise entwickelt das Werkstück ein „Eigenleben", das nicht mehr nur durch eine Person kontrolliert wird, sondern durch eine

ganze Gruppe von Personen. Jetzt ist es möglich, **Teamarbeit von der besten Seite** kennen zu lernen, zumal das Produkt sich nicht nach demjenigen richtet, der sich in der Gruppe am besten durchsetzt, sondern wird von **allen Teilnehmern laufend auf verschiedenste Qualitätskriterien überprüft und verbessert**. Das Ergebnis guter Teamarbeit ist besser als jenes, das von jedem einzelnen Teammitglied alleine erreicht werden könnte. Da sich jeder Teilnehmer persönlich eingebracht und sein Bestmögliches zum Resultat beigetragen hat, ist das Resultat weder ein Kompromiss, noch der kleinste gemeinsame Nenner, wie dies häufig in vielen Gruppenarbeiten der Fall ist.

*Erfahrungsbericht: Modellbau mit Austauschspiel*
*Die zweite Runde, der dritte Tag.*
*Als Grundlagen zur Bearbeitung wurden die beim ersten Treffen von den 12 Volksschülern vorbereiteten keilförmigen Körper genommen. Im Austauschverfahren sollten diese von den Zweitklässlern bearbeitet werden. Gefragt war eine gemeinschaftliche Reaktion auf diese Vorlagen. Im Gegensatz zu der anderen Gruppe der zweiten Klasse waren diese Vorlagen von den zwölf Kindern selbst in der vorherigen Unterrichtseinheit angefertigt worden. Das Besondere an dieser Stunde war, dass zwei Gruppen die Grundlage selbst umgebaut und erweitern haben. Vorher wurden maximal links und rechts Flügel angeklebt, um das Aussehen eines Flugzeuges oder Raumschiffes zu erhalten. Hier wurde der Keil selbst erweitert und der Untergrund richtiggehend bearbeitet. Diese Gruppe hatte den Untergrund selbst hergestellt. Da der Arbeitsprozess von Anfang an auch die Bodenplatte beinhaltete, wurde diese auch*

Abb. 07: Medienwechsel beim Dreierprojekt, 8GR Oberstufe

*intensiver mitbearbeitet. Die anderen Gruppen arbeiteten mit einer vorgefertigten Grundlage (zurechtgeschnittene Papierkartons). Durch die eigenhändige Herstellung der geneigten Bodenplatte erfolgte ein anderer mehr persönlicher Bezug zum Modell. Die unterschiedlichen Beziehungen zu den Grundlagen einmal quasi vorgefertigt und einmal selbst hergestellt äußerten sich in unterschiedlichen Bearbeitungsweisen.*

### 3.1.2. Der Medienwechsel

Das zweite Kriterium ist der Medienwechsel, also das (simultane) **Arbeiten in verschiedenen Medien**. Es gibt natürlich Regeln nach denen gearbeitet wird. Zuallererst ist die Auswahl des Mediums entscheidend, zum Beispiel das Blatt Papier oder das Modell aus Karton. Die Zeiteinheiten der Bearbeitungsschritte werden ursächlich von dem Material und der Größe der zu bearbeitenden Grundlage bestimmt. Bei größerer Grundlage werden die Bearbeitungszeiteinheiten eher länger, bei der Wahl von leicht zu bearbeitenden Materialien werden die Zeiteinheiten eher kürzer. Eine Entscheidung, die sich vom architektonischen Entwurf ableitet und für die Architekturvermittlung gute Dienste leistet, ist die gleichzeitige Bearbeitung von Unterlagen in verschiedenen Medien, zum Beispiel Zeichnung und Modell. Am Modell ist es erfahrungsgemäß einfach, Dinge auszuprobieren und von verschiedenen Seiten zu betrachten. Die Zeichnung hat eher konzeptuellen Charakter: Hier kann es neben klaren Strichen und Flächen auch Konstruktionslinien, Sichtachsen und Anhaltspunkte geben. Ein Projekt kann und soll durch mehrere Medien dargestellt werden, die zwar gemeinsam entwickelt, aber abwechselnd bearbeitet werden. Die in einem Medium gemachten Erfahrungen und getroffenen Entscheidungen werden auf ein anderes Medium übertragen, zum Beispiel vom Modellbau auf die Zeichnung. Oder es werden Konzepte aus der Zeichnung in ihrer dreidimensionalen Umsetzung sofort im Modell überprüft. Natürlich kann ein

Abb. 08: Medienwechsel beim Dreierprojekt, 8GR Oberstufe

Projekt auch ausschließlich in einem Medium angefertigt werden. Um vom Medienwechsel profitieren zu können, sollte nach Fertigstellung des Werkstückes nach dieser Grundlage ein Werkstück in einem anderen Medium angefertigt werden. Dabei wird augenscheinlich, was eine Interpretation von zwei Dimensionen in den dreidimensionalen Raum implizieren kann und für die **Überprüfung von Ideen und Gedanken** zu leisten imstande ist. Durch das oftmalige kontrollierte Austauschen der Grundlagen und den Wechsel in andere Medien wird der eigene Ausgangspunkt stets aufs Neue überprüft. Ideen und Einfälle, die in einem Medium verfolgenswert erscheinen, können nach dem Grundlagenwechsel sofort im anderen Medium überprüft werden. Wird die Mitarbeit jedoch verweigert, sind die Grenzen dieser Methode erreicht. Um dies zu verhindern, kann auf die schon beschriebenen beiden Hilfsmittel zurückgegriffen werden. Erstens hilft das Tauschen der Arbeitsplätze wenn man sich in Details verstrickt, den Überblick verliert oder Langeweile

droht. Zweitens arbeitet man beim Wechsel der Arbeitsplätze in einem anderen Medium, wobei das Abstraktionsvermögen und die dreidimensionale Vorstellungskraft kontinuierlich gefordert werden und die Kurzweiligkeit des Arbeitsablaufes auf andere Weise unterstützt wird

### *Erfahrungsbericht: Austauschspiel mit Dreierprojekt*

*Die erste Runde, der zweite Tag*
*Die andere Hälfte der dritten Klasse Volksschule war genauso schlagkräftig wie die erste Hälfte. Am zweiten Tag wurden, für die Modelle fertige Grundlagen verwendet, um dadurch die Vorbereitungsarbeiten zu verkürzen und so mehr Zeit für den eigentlichen Schaffensprozess zu gewinnen. So war es möglich, sofort mit dem Austauschspiel zu beginnen und in cirka 1,5 Stunden in drei Gruppen wieder jeweils ein Kurzprojekt zu erarbeiten. Ideen wurden unter den Gruppen weitergegeben und gemeinsam bearbeitet. Zum Beispiel wurde in einer Gruppe eine Repräsentation eines griechischen*

Abb. 09: Dreierprojekt, 3.Klasse Volksschule

*Tempels, einer Akropolis, von einem Schüler erdacht, von einem anderem nach dem Arbeitsplatzwechsel im Modell gebaut und dann von einem dritten Schüler im Schnitt eingezeichnet. Als Modellbaumaterialien wurden bedruckter Wellkarton als Modellbaugrundlage, vorgefertigte Holzstückchen, Styrodurteile, dünne Holzstäbe und Draht verwendet. Als Kleber für besonders wagemutige Lösungen stand natürlich meine Heißklebepistole bereit. Meist wurde aber mit Leim gearbeitet. Der Platztausch war überhaupt kein Problem und wurde von Beginn an als Bereicherung des Arbeitsprozesses empfunden.*

### 3.1.3. Die Präsentation
Nach der intensiven Erforschung des Unterbewussten, wobei das Sprechen eher unerwünscht ist und die Kommunikation innerhalb der Gruppe nur mit „architektonischen" Mitteln erfolgen sollte, ist nach der Fertigstellung der Werkstücke die Zeit für eine ausführliche Besprechung

gekommen. Als Teil des Gesamtkonzeptes sind wieder einige Punkte zu beachten. Bei diesem Arbeitsschritt tritt **jeder Teilnehmer** vor die Gruppe und stellt sein **Projekt zur Diskussion**. Dabei werden persönliche Empfindungen und gruppendynamische Prozesse beim Überarbeiten und „überarbeitet werden" ebenso besprochen wie technische Probleme und projektspezifische Besonderheiten. Wenn vorher erwähnt wurde, dass Reden beim Entwicklungsprozess unerwünscht ist, dann ist es hier genau umgekehrt. Jeder einzelne Teilnehmer soll dazu angehalten werden, sich zu äußern und sein Werkstück bzw. das seiner Gruppe vorzustellen. Das geht weder im Sitzen, noch einfach so nebenher. Nach Beendigung eines Kurzprojektes von ungefähr 1,5 Arbeitsstunden Wird die für die erfolgreiche gemeinsame Besprechung unerlässliche **Präsentationsatmosphäre** geschaffen. Dies kann geschehen, indem die Stühle im Halbkreis angeordnet und die Werkstücke für alle sichtbar aufgehängt oder aufgestellt werden.

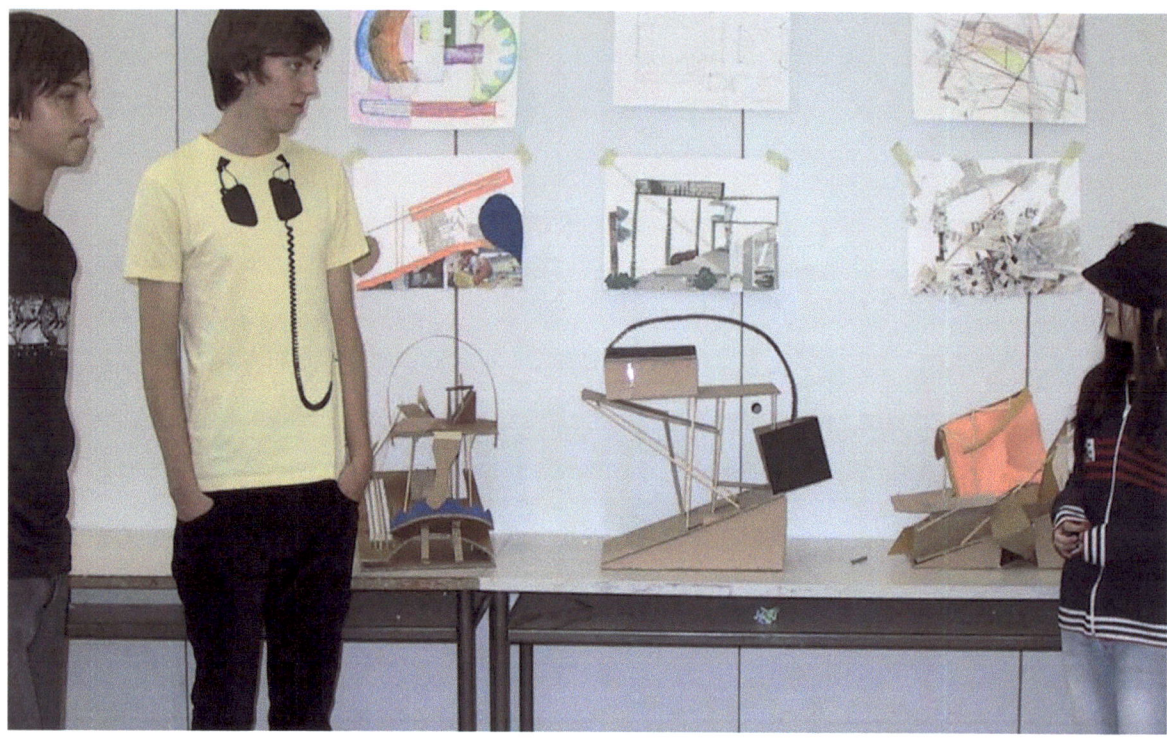

Abb. 10: Präsentation, Pluskurs Architektur

Die Teilnehmer stellen sich zu Ihren Werkstücken, präsentieren sie und stellen sich der gemeinschaftlichen Diskussion. Letzteres ist ein fundamentaler Bestandteil des Konzeptes zur Architekturvermittlung und sollte nicht weggelassen werden. Jeder wird gezwungen, in sich zu gehen und seine persönlichen Erlebnisse bei der Zusammenarbeit sowie seine persönlichen Gedanken und Gefühle über das Projekt zu formulieren. Dabei ist auf eine ungezwungene Diskussions-Atmosphäre zu achten, die mit Fragen des Workshopleiters angestoßen wird und genügend **Freiraum für den Austausch von Gedanken und Erlebnissen** lassen sollte. Dadurch kann die Angst, vor einer Gruppe zu sprechen, abgebaut werden. Das Ziel ist eine gemeinsame **kritische Besprechung** des Arbeitsprozesses sowie der Ergebnisse. Der Bezug zur Architektur(-produktion) ist auch hier wieder einfach zu erklären: Jedes Projekt muss bis zur Verwirklichung unzählige Male präsentiert werden, je besser die Präsentation verläuft, desto wahrscheinlicher ist es, die eigenen

Idee und Konzepte durchzubringen. Eine Präsentation sollte möglichst nach jedem vollendeten Arbeitsschritt durchgeführt werden. Sie ist für jeden einzelnen Teilnehmer wichtig und dient unter anderem auch der Aufarbeitung des erlebten Prozesses. Durch permanentes Präsentieren und Diskutieren der eigenen Arbeiten und Befindlichkeiten vor und mit anderen Teilnehmern bei **Zwischenpräsentationen und Endkritik** wird die Aufmerksamkeit für andere Arten der Präsentation geschärft und die Schwellenangst reduziert. Es wird zudem geübt, in möglichst kurzer Zeit die wesentlichen Dinge zu erkennen und anzusprechen, die persönlichen Erfahrungen jedes einzelnen in Gruppenarbeit und in Einzelarbeit einander gegenüber zu stellen und auch öffentlich zu diskutieren.

## 3.2. Bonusmaterial

Architektur wird als **Reaktion auf örtliche Gegebenheiten und Bedürfnisse der Benutzer** verstanden. Beim Austauschspiel werden die Teilnehmer nach jedem Platzwechsel laufend mit neuen Gegebenheiten konfrontiert und dazu angehalten spezifisch darauf zu reagieren. Die Bedürfnisse der Benutzer werden bei diesem Ansatz von den Teilnehmern selbst formuliert und umgesetzt. Dabei wird mit verschiedenen Materialien und in verschiedenen Techniken gleichzeitig gearbeitet. Kaum hat man sich in ein Medium eingearbeitet, wird der Platz gewechselt, sodass man sich sofort und ohne Vorbereitungszeit mit einem neuen Medium zu recht finden muss. Zweitens: **Überarbeiten und überarbeitet werden**: Durch das Überarbeiten und Weiterreichen der Grundlagen entstehen immer neue Ausgangspositionen. Die Reaktion darauf kann sowohl Hinzufügen als auch Wegnehmen beinhalten, auf jeden Fall wird sie durch das Vorgefundene hervorgerufen, verstärkt oder abgeschwächt. Spannung entsteht dadurch, dass eigene Interventionen durch andere Teilnehmer überarbeitet und neu interpretiert werden. Oft entstehen dadurch neue und unerwartete Zusammenhänge (Kreativität). Drittens lernen die Teilnehmer sich in den **Kommunikationsmitteln der Architektur** auszudrücken und auf die Gegebenheiten zu reagieren. Grundriss Schnitt und Modell sind die Grundlagen, Zeichnung, Collage und Modellbau sind die Mittel. Darauf aufbauend entwickelt sich ein Prozess der Auseinandersetzung im architektonischen bzw. künstlerischen Sinn Kommunikation mit Worten ist während der Bearbeitung einer Grundlage unerwünscht. An die Teilnehmer werden keine spezifischen formalen oder künstlerischen Anforderungen gestellt, das Kollektiv wirkt als Korrektiv. Die **Angst vorm weißen Blatt wird abgebaut**. Der Zeitdruck erleichtert schnelle Entscheidungen. Durch den häufigen Medienwechsel verliert die Genauigkeit an Bedeutung und intuitive Vorgangsweisen werden verstärkt. Der Blick fürs Ganze wird geschärft, während das Detail an Wichtigkeit verliert. Man kann sich dem eigenen Arbeitsfluss hingeben und die Funktion des kritischen Betrachters dem Gruppenprozess überlassen. Auf dynamische Art werden gemeinsame Entscheidungen getroffen. Wird ein Ansatz oder eine Idee in der Gruppe für gut empfunden, wird daran weitergearbeitet. Wird etwas als schlecht oder unpassend empfunden, wird es entfernt oder umgearbeitet. Solche Entscheidungen können in der kurzen Zeit nicht umfassend begründet werden und werden oft aus dem Bauch heraus getroffen. Das Arbeitsklima ähnelt eher dem konzentrierten Spielen von Kindern oder auch Künstlern bei der Arbeit. Für einige Minuten vergisst man Zeit und Umgebung und beschäftigt sich nur mit dem eigenen Werkstück. (Vergleiche: M.Csikszentmihalyi, *Das Flow-Erlebnis*. Klett-Cotta, Stuttgart, 1987.)

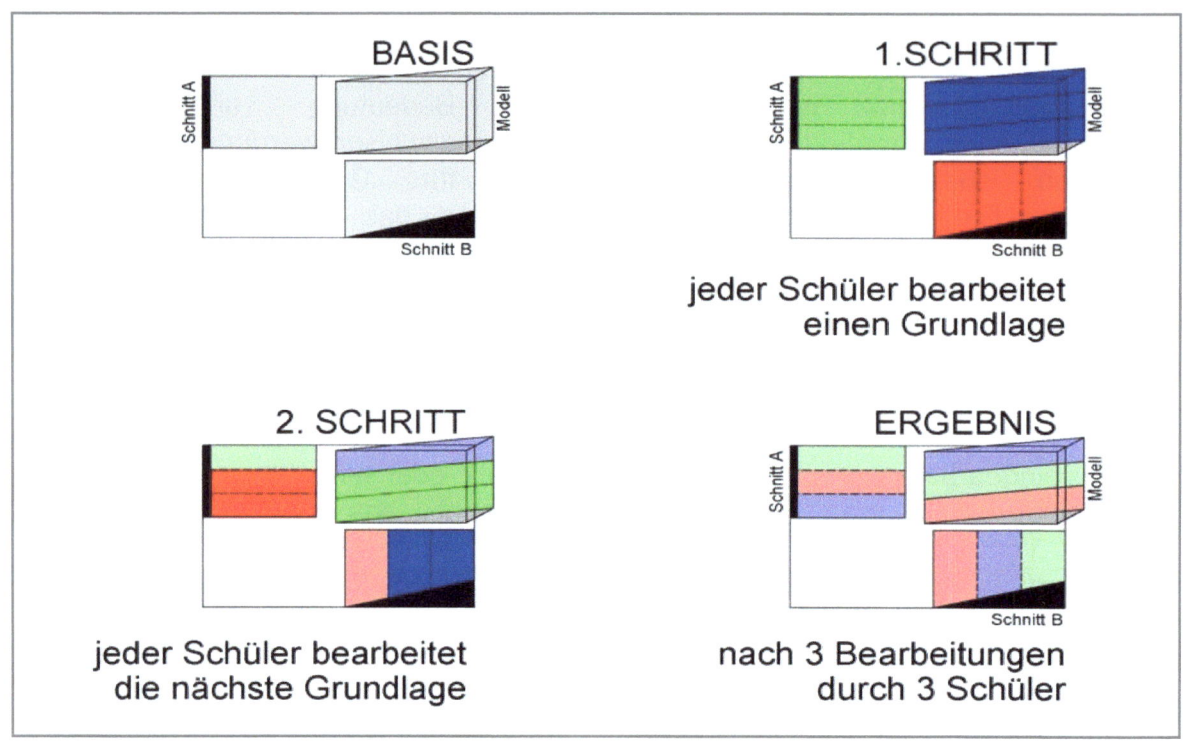

# 4. Praktische Anleitung

### Einleitung

Es ist wichtig, neben den vielen theoretischen Angaben klar herauszuarbeiten, was die unverzichtbaren Zutaten für eine erfolgreiche Durchführung eines Workshops zum Thema Austauschspiel sind. Darum gibt es an dieser Stelle sowohl den in der Einleitung angedeuteten Selbstversuch mit der kleinsten Einheit, dem Dreierprojekt, als auch eine Anleitung für Projekte mit größeren Gruppen und einige Angaben zum Aufbau und Durchführung eines Workshops.

## 4.1. Das Austauschspiel in Kleingruppen

### 4.1.1. Das Dreierprojekt

Ein Dreierprojekt ist ein Kleingruppenprojekt und zum Beginn eines praktischen Workshops zum Thema Gruppenarbeit sehr gut geeignet. Die veranschlagte Dauer beträgt zwei Unterrichtseinheiten, also cirka 2 Stunden und es dient zum Kennen lernen der Teilnehmer untereinander und zum Einarbeiten in das Konzept des Austauschens. Dabei wird das schnelle Reagieren auf wechselnde Ausgangspositionen und Gegebenheiten trainiert. Der Workshopleiter wählt eine Grundlage und ein Medium. Wobei unter Grundlage eine Arbeitsgrundlage verstanden wird. Das kann ein Blatt Papier genauso sein wie eine Grundplatte für den Modellbau, oder einfach nur eine Idee für die Ausgangsposition des Projektes. Die Anzahl der Grundlagen entspricht der Anzahl der Teilnehmer. Das Medium ist das passende Ausdrucksmittel zu den Grundlagen. Ein Papierblatt als Grundlage kann zur Zeichnung und zur Collage verarbeitet werden. Beim Modellbau ist das Medium natürlich schon vorgegeben es können aber Einschränkungen oder Ergänzungen bei den üblicherweise im Zeichensaal oder Werkraum zu Verfügung stehenden Materialien festgelegt werden. Dann werden die Teilnehmer in Kleingruppen zu je drei Personen ausgelost. Jede Kleingruppe nimmt an je einem Tisch Platz und wird in Folge ein gemeinsames Projekt bearbeiten. Für die Bearbeitung wird die Zeiteinheit von ungefähr 10 Minuten festgelegt. Für Schulprojekte hat sich diese Zeiteinheit als sinnvoll erwiesen, nicht zuletzt um mit der grundsätzlich sehr begrenzten Zeit, die im Werk- bzw. Zeichenunterricht zur Verfügung steht gut auszukommen. Bei dem Dreierprojekt sind die Grundlagen in ihrer Funktion festgelegt. Es gibt drei Arbeitsplätze pro Tisch. Die Aufgabe einer Gruppe besteht darin Grundriss und Schnitt auf jeweils einem Papierblatt zu entwickeln und simultan das dazugehörige Modell zu bauen. Als Aufgabenstellung haben sich einfache „Bauplätze" bewährt, wie zum Beispiel eine schiefe Ebene oder eine Geländekante. Dabei ist darauf zu achten, den Maßstab der Darstellung möglichst einheitlich zu halten damit Übertragung der Informationen zwischen den Grundlagen nicht zusätzlich erschwert wird. Wer welche Grundlage zuerst bearbeitet, wird wiederum per Zufall bestimmt. Innerhalb der Gruppe wird nach einer verstrichenen Zeiteinheit einen Platz weitergerückt. Die minimale Bearbeitungslänge eines Kurzprojektes beträgt 1,5 Unterrichtseinheiten. Während der Bearbeitungszeit darf sowohl hinzugefügt als auch weggenommen werden. In der verbliebenen halben Unterrichtseinheit werden die entstandenen Projekte von den Teilnehmern präsentiert und gemeinsam besprochen.

### 4.1.2. Das Dreierprojekt im Selbstversuch

Praktisch heißt das: die kleinste Einheit, um alles zu verstehen und von allen Parametern profitieren zu können, ist ein Projekt mit drei Personen. Es werden drei Unterlagen vorbereitet, möglichst im gleichen Format. Zwei Zeichenblätter sowie Karton für das Modell. Es sollte genügend Material greifbar sein: Bleistift, Lineal und Radiergummi für die Zeichnung, Zeitungspapier, Farbpapier, Schere und Kleber für die Collage bzw. Karton (zum Beispiel altes Verpackungsmaterial), Holzstäbchen, Stanley-Messer und Kleber - vorzüglich Heißklebepistolen- für den Modellbau. Dabei sollte darauf geachtet werden, dass nicht zu viele unterschiedliche Materialien in einem Werkstück zu verwenden werden, da dies zur Verwirrung beitragen kann. Alle drei Grundlagen kommen auf einen Tisch, der Grundriss und der Schnitt werden mit Klebeband befestigt, der Schnitt kommt dabei so vor dem Modell zu liegen, dass er direkt vom Modell übertragen werden kann. Gleiches gilt für den Grundriss. Diese Vorgehensweise vereinfacht den Abstraktionsprozess und erleichtert die Kommunikation. Nach der Auslosung der Arbeitsplätze wird sofort mit der Arbeit begonnen. Die Regeln sind: wenig sprechen und nur auf der eigenen Grundlage arbeiten. Es darf hinzugefügt oder weggenommen werden, aber es sollte möglichst mit den für das Werkstück bereitgelegten Materialien gearbeitet werden. Typischerweise beginnen nach einer kurzen Phase der Ratlosigkeit dann alle Teilnehmer zu arbeiten. Nach Ablauf der zehn Minuten werden die Plätze getauscht: Der Bearbeiter des Grundrisses wechselt zum Schnitt, der vom Schnitt zum Modell und der Modellbauer zum Grundriss. Ist man nach einer Runde wieder zum Ausgangspunkt zurückgekehrt, gibt es einige Punkte auf die man achten sollte. Was ist mit meinem künstlerischen Input während dieser Runde geschehen, wie haben die anderen darauf reagiert. Welche meiner Ideen wurde aufgegriffen und weiterbearbeitet und was wurde gelöscht oder umgearbeitet. Diese

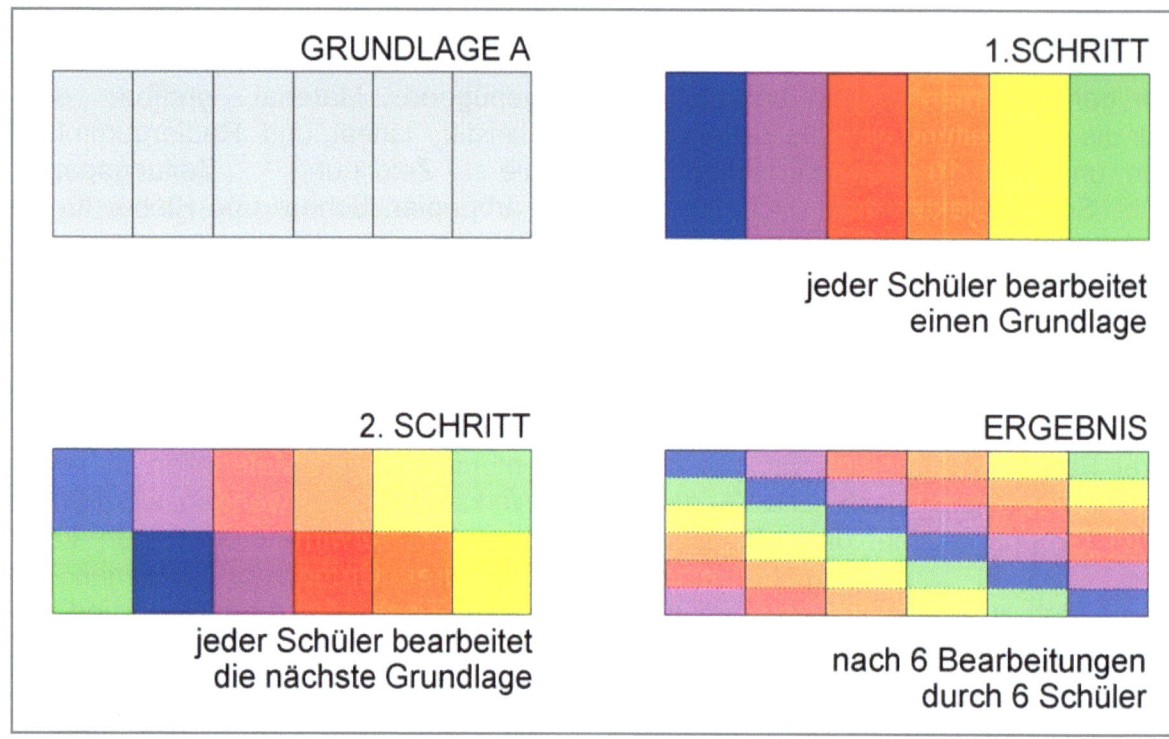

GRUNDLAGE A

1.SCHRITT

jeder Schüler bearbeitet
einen Grundlage

2. SCHRITT

jeder Schüler bearbeitet
die nächste Grundlage

ERGEBNIS

nach 6 Bearbeitungen
durch 6 Schüler

Abb. 12: Funktionsweise eines Gruppenprojektes für viele Teilnehmer

Überlegungen und die nachfolgenden Besprechungen sind wichtige Erfahrungen, die das Gleichgewicht von emotionaler Arbeit und kognitiver Auseinandersetzung beim Austauschspiel wiederherstellen sollen. Nach drei Durchläufen ist das Kurzprojekt beendet und es ist Zeit für die gemeinsame Besprechung. Die Arbeiten werden zunächst präsentationsgerecht aufgestellt und anschließend der Prozess, die gemachten Erfahrungen und das Ergebnis gemeinsam diskutiert. Damit hat man alle oben beschriebenen Grundvoraussetzungen erfüllt, einige der erwähnten Krisensituationen gemeistert und die Stärken und Schwächen des Austauschspiels im Selbstversuch erfahren.

### 4.1.3. Das zweite Dreierprojekt
Das zweite Dreierprojekt dient als Vorbereitung auf das große Gemeinschaftsprojekt. Das Thema ist das vergrößerte Herausarbeiten eines Teilbereiches einer Vorlage. Am besten eignen sich dazu die Modelle des ersten Dreierprojektes. Die durch das Los bestimmten Dreiergruppen bekommen je ein Modell vom letzten Mal als Vorlage. Diese darf nicht bearbeitet werden, sondern ein Teilbereich der Vorlage soll, stark vergrößert, in Grundriss, Schnitt und Modell übertragen werden, das ganze natürlich wieder im Austauschverfahren. Nach einem Umlauf (30 Minuten) sind die wichtigsten Informationen übertragen und die Vorlagen werden entfernt. Die verbleibende Zeit wird ohne Vorlagen gearbeitet. Danach folgt wieder die obligate gemeinschaftliche Besprechung.

## 4.2. Arbeiten im großen Maßstab

### 4.2.1. Alle Teilnehmer arbeiten am selben Objekt
Nach den absolvierten Dreierprojekten sind die Teilnehmer bereit für größere Gruppen. Das Gruppenprojekt mit allen Teilnehmern ist die größte Herausforderung eines Workshops. Es gilt mit allen zur Verfügung stehenden

Abb. 13: Das Schnittmodell, Pluskurs Architektur

Kräften ein besonders großes Werkstück gemeinsam zu produzieren.
**Vorgaben:** eine Grundlage pro Teilnehmer; Platzzuweisung durch das Los, Platzwechsel durch das Los oder einfach einen Platz weiterrücken. Alle Werkstücke sind nebeneinander aufzustellen und zu bearbeiten. Auf die Übergänge zwischen den Werkstücken ist gesondert zu achten.

**Anleitung** zum Anfertigen der großen Schnittes: Eine Malunterlage aus dickem Papier mit ca. 80cm Höhe wird über die zusammengestellten Tische ausgerollt. Jeder Teilnehmer erhält einen Platz von ca. 50cm Breite. Die Unterteilungen werden eingezeichnet die Malunterlage aber nicht zerschnitten. Als Vorlage dienen die Modelle von den vorherigen Dreierprojekten. Je ein Modell wird vor zwei Arbeitsplätze gestellt und dient zur Hälfte als Vorlage für den Ausschnitt eines Teilnehmers. Die Bearbeitungszeit ist wieder 10 Minuten, dann wird weitergerückt. Die Informationen werden zuerst gezeichnet und dann in Collageform auf das Papier übertragen. Nach mindestens drei Bearbeitungszeiten

werden die Vorlagen entfernt und die verbleibende Zeit wird ohne Vorlagen weitergearbeitet. Meist vergehen die gesamten zwei Unterrichtseinheiten beim Anfertigen des großen Schnittes. Die ausführliche Besprechung erfolgt dann gemeinsam mit der Besprechung des Individualprojektes am Schluss des Workshops.

### 4.2.2. Das Individualprojekt
Das Individualprojekt ist der Gegensatz zum Gruppenprojekt mit allen Teilnehmern. Der These folgt gewissermaßen unmittelbar die Antithese. Der vorherigen Bündelung aller Kräfte wird nun die Leistungskapazität der Einzelperson entgegengestellt.
**Vorgabe:** Als Individualprojekt wird ein sogenanntes Schnittmodell angefertigt. Ein Schnittmodell ist ein Ausschnitt von einem Modell oder einfacher gesagt ein Schnitt dem eine gewisse Tiefe und Dreidimensionalität verliehen wird. Jeder Teilnehmer arbeitet nur an seinem zugelosten Arbeitsbereich. Beim Individualprojekt ist kein Austauschen vorgesehen.

**Anleitung** zum Anfertigen eines Schnittmodells als Individualprojekt: Als Vorlage wird der große Schnitt an die Wand gehängt. Davor werden die Tische nebeneinander aufgereiht, sodass jedem Teilbereich des großen Schnittes ein Arbeitsplatz auf dem Tisch zugeordnet ist. Die Aufgabe ist, die Schnittcollage in ein Modell umzusetzen. Die Breite und Höhe des zu erarbeitenden Modells sind durch die Abmessungen der Vorgabe fixiert, ein Ausschnitt des großen Schnittes misst cirka 50 auf 80cm. Die Tiefe des zu erarbeitenden Modells wird auf cirka 30cm festgelegt und eventuell auch auf den Tischen festgehalten. Die Schnittmodelle sollten genau auf den zugewiesenen Plätzen nebeneinander angefertigt werden, dabei ist speziell auf die Übergänge zu den Nachbarn zu achten. Die Arbeitszeit ist wiederum mit zwei Unterrichtseinheiten begrenzt. Auf diese Weise entsteht ein dreidimensionales Pendant zum großen Schnitt in zusammengesetzten Einzelstücken. Dieses Individualprojekt ist der Ausgangspunkt für die Schlusspräsentation bei der speziell auf das Individuum eingegangen werden sollte und die den Endpunkt eines erfolgreichen Workshops darstellt. Auf ihrer Basis können persönliche Herangehensweisen, Vorlieben und im Prozess erlerntes herausgearbeitet werden. Das Individualprojekt ist eine Messlatte für den Lernfortschritt der Teilnehmer im Laufe des Workshops, und schließlich sollte jeder einzelne für sich die Vor- und Nachteile von Einzelarbeit, Gruppenarbeit oder Gruppenarbeit mit Austauschspiel gegeneinander abwägen und seine Argumente dazu für die Endpräsentation vorbereiten.

## 4.3. Der Aufbau eines Workshops

Ein Workshop besteht aus mindestens zwei Dreierprojekten, mindestens einem gemeinsamen Projekt für alle Teilnehmer sowie einem Individualprojekt. Den Endpunkt bildet eine Finalkritik. Diese umfasst eine Präsentation des Individualprojektes mit Querverweisen auf die Kurzprojekte bei denen man teilgenommen hat. Dabei werden sowohl die formalen und künstlerischen Aspekte der Arbeiten als auch die gruppendynamischen Prozesse gemeinsam mit einer Jury und den anderen Teilnehmern analysiert und besprochen. Durch laufende kleine Besprechungen der eigenen Arbeit nach jedem Kurzprojekt und durch die große Jury am Schluss werden neben intuitivem Handeln auch zielgerichtetes Denken sowie die Fähigkeit, Gedanken und Ideen zu formulieren, gefördert. Es wird ferner trainiert, wie man über das eigene Projekt spricht, sich vor einer Gruppe präsentiert und coram publico seine Ideen verteidigt.

# 5. Schlussbemerkungen

Ziel ist nicht die Trennung zwischen Intuition und kognitivem Denken, also nicht die Trennung von Kopf und Bauch, sondern das **Ziel des Austauschspieles** ist der Versuch bei Gruppenarbeit den Austausch von verbalen Argumenten hintan zu halten und dem **intensiven Austausch von künstlerischen Reaktionen** (Zeichnen, Malen und Formen) den Vorrang zu geben. Zum einen ist es natürlich schön und befriedigend für Teilnehmer und Workshopleiter Ergebnisse vorweisen zu können, die die normale Erwartungshaltung bezüglich Maßstab und Umfang von Zweistundenprojekten bei weitem übertreffen. Zum anderen ist es auch eine Bestätigung für die hier präsentierte Theorie der Zusammenarbeit, wenn alle Teilnehmer ohne weitere Probleme gemeinsam an großen Werkstücken arbeiten und diese auch nach zwei Stunden intensiver Auseinandersetzung fertiggestellt werden können.

Abb. 14: Modell, Pluskurs Architektur

Abb. 15: Modell, Dreierprojekt, Kunstschule Wien

# 6. Praktischer Teil: Arbeiten mit Schülern und Studenten

## 6.1 Das Seminar „Exquisite Corpse" in der Kunstschule Wien geleitet von Christian Panek und Ambros Spiluttini

„Teamarbeit klingt nach endlosen Diskussionen und Meinungsverschiedenheiten über Ideen und Träume. Lange, bevor der erste Strich gezeichnet oder das erste Kartonstück geklebt ist, wäre auf diese Weise die Anfangsenergie schon längst verloren und doch der „Respekt vor dem weißen Blatt" noch nicht überwunden."

Wir versuchen nun den Austausch von verbalen Argumenten und Worten durch den Austausch von gezeichneten Konzepten und Taten zu ersetzen. Stressige fünfzehn Minuten lang werden die Studenten angehalten, an einem Objekt zu arbeiten. Danach wird ausgetauscht. Wie in einer Diskussion haben alle Teilnehmer verschiedene Einfälle und Ideen, wie das Projekt, das wir in Grundriss, Schnitt und Modell bearbeiten, aussehen soll. Fünfzehn Minuten hat jeder Zeit, seine „Meinung" in Zeichnung und Modell auszudrücken. Danach werden die Objekte ausgetauscht und im zweiten Schritt von einer anderen Person weiter bearbeitet. Dabei darf nach Belieben weggenommen oder hinzugefügt werdet. Das ist ungewöhnlich, normal kann der Entwurf als langsamer Prozess angesehen werden, bei dem nicht vorhergesagt werden kann, wann und ob eine gute Idee kommt. Hier kommt beim Entwerfen unter Stress der Intuition eine große Rolle zu. Dazu werden die Vorrausetzungen ständig verändert, das Konzept, sofern man sich eines zu Recht gelegt hat, muss laufend adaptiert werden. Die eigenen Gedanken werden nun auf Grundlage der bereits dargestellten Ideen des Vordermannes bzw. der Vorderfrau kritisch überprüft. Wie in einer produktiven Diskussion, treffen erschiedenen Meinungen aufeinander, ändern sich gegebenenfalls aber die Standpunkte nach dem Anhören und

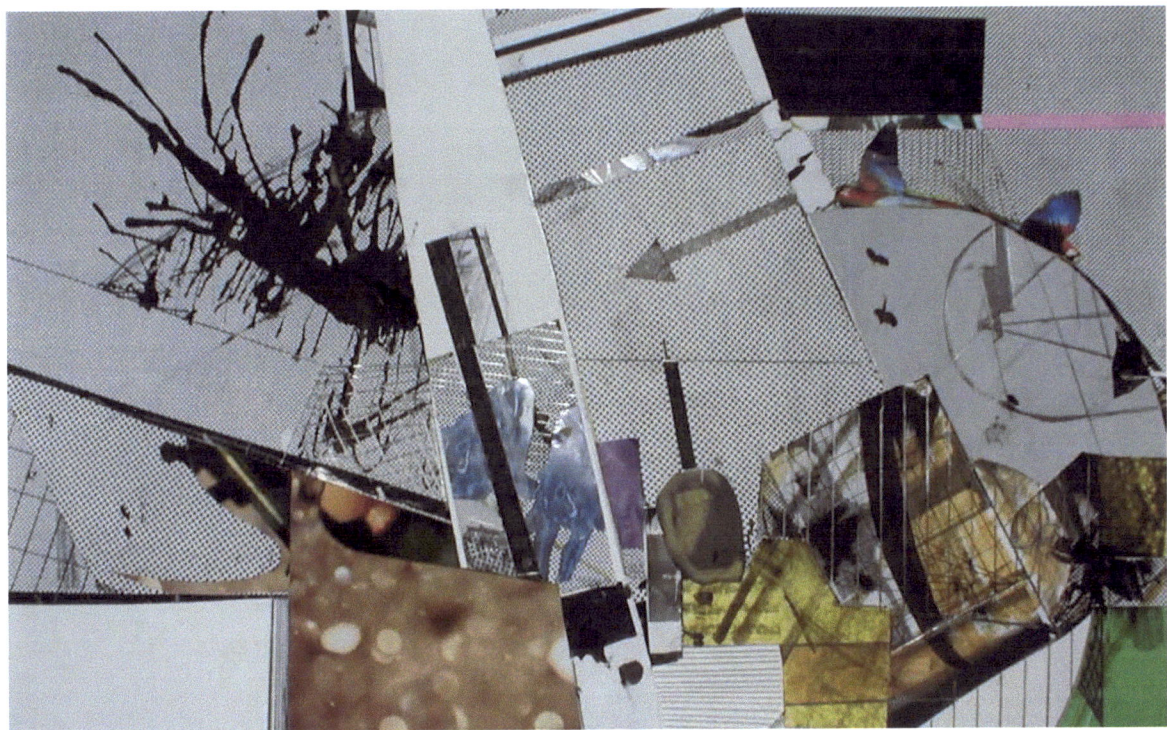

Abb. 16: Collage, Dreierprojekt, Kunstschule Wien

Verstehen einer anderen fundierten Meinung. In unserem Fall ändert sich die Ausgangsposition, der Ort. Ist es beim ersten Schritt das weiße Blatt Papier oder der leere Karton, gibt es beim zweiten Schritt schon konkrete Eingriffe und Interpretationen, die nach Reaktionen verlangen.

**„Mein „geniales" Stück, in das ich fünfzehn Minuten lang meine ganze Kraft und meine Ideen hineingesteckt habe wurde von zwei anderen, die gar nicht wissen, was ich mir alles dabei gedacht habe, einfach überarbeitet."**
Nach ungefähr drei Umläufen, also circa zwei Stunden lässt die anfängliche Energie nach und die Objekte werden weniger intensiv oder gar nicht mehr bearbeitet. Dann ist die Zeit gekommen inne zu halten und gemeinsam die Intention der Entwürfe zu besprechen sowie die Erfahrungen in Bezug auf die Gruppenarbeit und dabei zutage getretenen Probleme auszutauschen. Während unserer Intensivwoche sind auf diese Weise vier Projekte entstanden. Am ersten

und am zweiten Tag wurden quasi zum „Aufwärmen" zwei kleine Projekte in Dreiergruppen entworfen. Dabei hat sich das ursprünglich gewählte Thema, die (Gelände-)Kante, schnell verflüchtigt. Speziell im zweiten Dreierprojekt, das einen ausgewählten und vergrößerten Detailbereich des ersten beinhaltete und von neu ausgelosten Dreiergruppen bearbeitet wurde, spielte die Kante keine Rolle mehr und die Dynamik des Austauschspieles übernahm die Kontrolle. Die anfängliche Ratlosigkeit der Studenten entwickelte sich sehr schnell in phantasievolles und vielgestaltiges Schaffen. Der Erfolg der beiden ersten Tage und die Energie der Studenten bildeten die Basis am dritten Tag etwas wirklich Großes zu produzieren. Wir wählten das Medium Collage, um einen sechs Meter langen Schnitt zu produzieren. Als Grundlage wurden hier die Schnittzeichnungen gewählt die als Vorarbeit auf dem Kopierer bzw. Computer vergrößert werden konnten, und als Rohstoffe neben mitgebrachtem Collagematerial

Abb. 17: Präsentation Museumsquartier, Kunstschule Wien

*einzusetzen waren. Die Arbeitsweise war wieder der mehrmalige Arbeitsplatzwechsel mit fünfzehn Minuten Stressentwurf. Da im Arbeitsprozess auch sehr viel weggenommen bzw. ausgeschnitten wurde, waren in einem zusätzlichen Arbeitsgang die ausgeschnittenen Flächen mit Packpapier zu hinterlegen, um so den dreidimensionalen Eindruck des großen Schnittes zu verstärken. Im letzten Projekt, dem Schnittmodell, sollte den Teilnehmern Zeit gegeben werden, in sich zu gehen und die intensive Woche zu verarbeiten. Diese Einzelarbeit ermöglichte es, sich auf die Endpräsentation, vor einer Jury bestehend aus den Architekten Martina Grabensteiner, Ludwig Starz und Martin Huber und den Workshopleitern vorzubereiten. Das Highlight unserer Woche war zweifellos die Präsentation im Museumsquartier. Als wir dort die Modelle aufgestellt hatten, waren wir selbst überrascht, was sich in einer intensiven Woche machen lässt. Zur Freude der Workshopleiter blieb die Mischung aus verschiedenen Studienjahrgängen und Vertretern verschiedener Werkstätten bis zum*

*Ende mit zwölf Teilnehmern konstant. Die Idee, dem letzten Tag mit Individualprojekten zu verbringen kam uns bei der Präsentation sehr zugute. Wir hatten mit dem Schnittmodell nicht nur ein ebenfalls sechs Meter langes, dreidimensionales Pendant zum großen Schnitt, sondern auch ein veritables Mittel gefunden, neben den gruppendynamischen Prozessen auch auf Basis der Einzelprojekte während der Endpräsentation auf jeden Studenten speziell einzugehen. Die Individualprojekte ermöglichten es der Jury, die Ansatzpunkte der Studenten zu überprüfen und die Rolle des Einzelnen in der Gruppe seiner Einzelarbeit gegenüberzustellen. Jeder Teilnehmer bekam auf diese Weise ein intensives Feedback von mindestens einer halben Stunde individueller Diskussion mit der Jury und konnte auf diese Weise auch ein individuelles Paket an Gedanken und Anregungen für die Zukunft mit nach Hause nehmen.*

Abb. 18: Zwischenpräsentation , 8GR Oberstufe

## 6.2. Der Workshop „Exquisite Corpse", der Reihe „Architektur, Technik und Schule", mit Schülern des BG und BORG St. Johann im Pongau, Salzburg, mit Mag. Rudolf Portenkirchner

### Der erste Tag, das erste Kurzprojekt -Dreierprojekt-

Die zwölf Teilnehmer wurden per Los in vier Dreiergruppen eingeteilt. Jeder Teilnehmer schrieb seinen Namen auf einen Zettel, diese Zettel wurden gefaltet, gemischt und dann auf die Arbeitsplätze verteilt. Das Thema war Dreierprojekt mit schiefer Ebene. Der Grundriss sollte gezeichnet (eindimensional), der Schnitt in Collagetechnik (zweidimensional) und das Modell natürlich dreidimensional bearbeitet werden. Aufgrund der zur Verfügung stehenden Zeit von ca. 3,5 Stunden wurde die Zeiteinheit eines Bearbeitungsschrittes auf 15 Minuten festgelegt. Die vier Kartonmodelle mit schiefer Ebene hatte Rudolf Portenkirchner ebenso vorbereitet wie Zeichenstifte, Bleistifte und Lineale für

die Grundrisse, Zeitungen, Magazine und Scheren für die Collagen sowie verschiedene Modellbaumaterialien: braungrauer Wellkarton, altes Verpackungsmaterial, Holzstäbchen und die unverzichtbaren Heißklebepistolen lagen bereit. Nun mussten ähnliche Vorraussetzungen für alle Grundlagen geschaffen werden, die das schnelle Übertragen von Informationen von einem Medium ins andere ermöglichen sollten. Ein Grundriss ist ein horizontaler Schnitt in einer bestimmten Höhe. Durchschneidet man eine schiefe Ebene auf halber Höhe, dann ist der Grundriss eine Linie in der Mitte des Blattes. Diese Linie auf dem Grundrissblatt bildet die Schnittlinie zwischen Erde und Luft. Auf der Schnittzeichnung wurde eine Linie entsprechend der Neigung des Hanges eingetragen. Nach einigen Minuten der Verwirrung begannen schließlich auch die letzten Zweifler mit der Arbeit. Innerhalb von zwei Stundenwaren vier Dreierprojekte entstanden. Nach einer kurzen Erholungspause erfolgte eine kurze Präsentation mit gemeinsamer Diskussion.

Abb. 19: Modell, Dreierprojekt , 8GR Oberstufe

**Der zweite Tag, das zweite Dreierprojekt.**

Wieder wurden vier Dreiergruppen per Los bestimmt. Die Aufgabenstellung lautete nun, einen Teilbereich aus einem der vier Modelle des letzten Kurzprojekts zu vergrößern und neu zu interpretieren. Da nur die Vorlagen bereitgestellt wurden, mussten die Grundlagen von den Schülern in den Zeiteinheiten selbst gefertigt werden. Am zweiten Tag standen nur mehr zwei Unterrichtseinheiten zu Verfügung. Um dennoch eine Nachbesprechung zu ermöglichen, wurden die Arbeitszeiteinheiten auf 10 Minuten verkürzt, und die Gesamtdauer des Kurzprojektes musste auf zwei Umläufe, also insgesamt cirka 60 Minuten, limitiert werden. Trotz dieser Restriktionen wurden nicht nur sehr ansprechende Modelle, Collagen und Zeichnungen angefertigt, sondern es war auch durchwegs sofort zu erkennen, dass Grundriss Schnitt und Modell zu einem gemeinsamen Projekt gehören und gemeinsam entwickelt wurden.

**Der dritte Tag, alle Teilnehmer arbeiten an einem Projekt**

Thema war das gemeinsame Anfertigen eines sieben Meter langen Schnittes durch eine fiktive Stadt. Als Vorlage wurden die Modelle der Dreierprojekte in einer Reihe aufgestellt und waren vergrößert in den Schnitt zu übertragen. Jedem Teilnehmer wurde ein Teilbereich des großen Schnittes von 60cm Breite und 80cm Höhe zugelost. Die Zeiteinheit betrug zehn Minuten pro Sitzplatz. Diesmal gab es keine gemeinsame Besprechung des Schnittes, sondern die Schüler arbeiteten während der gesamten zur Verfügung stehenden Zeit an den Schnittteilen. Spezielles Augenmerk wurde dabei neben der Entwicklung einer stimmigen Grundlage auch auf die Bearbeitung der Übergänge zu den Nachbarn gelegt.

**Der vierte Tag, das Individualprojekt**

Ausgehend von dem wunderbaren, gemeinsam erarbeiteten großen Schnitt wurden am vierten Tag Individualmodelle gefertigt. Jedem Teilnehmer wurde ein Teil des

Abb. 20: Detail, großer Schnitt , 8GR Oberstufe

zwölfteiligen Schnittes zugelost. Dieser Teil bildete die Ausgangsbasis für das. Das Schnittmodell ermöglicht es, dem Schnitt eine bestimmte Tiefe (Dreidimensionalität) zu geben. Bei diesem Schnittmodell waren neben der Entwicklung eines charakteristischen Individualprojektes auf Basis des Schnittteiles auch die Übergänge zu den Nachbarn speziell zu bearbeiten.

## Die Endkritik

Es wurden der große Schnitt, die dazugehörigen Individualprojekte und alle Kurzprojekte im Arbeitsraum arrangiert. Neben der obligaten Präsentation und gemeinsamen Besprechung der Gruppenaspekte waren speziell Zweifel und Kritikpunkte ein Thema. Fragen wie „Was haben wir da jetzt gemacht", „Worum ist es da gegangen", und „Was hat das jetzt für einen Sinn gehabt" wurden artikuliert. Auch das Spannungsfeld, „Ist das jetzt Kunst oder Müll", wurde angesprochen. Am Anfang des Workshops waren bewusst nicht zu viele Erklärungen zu den Zielen und den Hintergründen des Programms gemacht worden. Die Endkritik wurde

daher umso ausführlicher dazu verwendet, diese Aspekte aufzuarbeiten

## Zusammenfassung

Eine positive Überraschung war die vorurteilsfreie Zugangsweise zur Gestaltung und zum Entwurf sowie die vorhandenen Fähigkeiten, Räume und Formen in Modellen auszudrücken, natürlich unter Einsatz der zur Verfügung stehenden Mittel. Manchmal wurde sogar die Grenze zur Materialität und zum Ausdruck von Gefühlen überschritten. Von den grafischen Fertigkeiten und der Fähigkeit zur Abstraktion hatte ich mir zunächst irrtümlicherweise mehr erwartet. Allerdings war auch hier die Lernkurve steil, und ich habe wieder einmal gelernt, dass es bei diesem Prozess nicht auf die Erfüllung von bestimmten Erwartungen ankommt.

Abb. 21: Schnittcollage Dreierprojekt, Pluskurs Architektur

## 6.3. Der Workshop „Exquisite Corpse" beim Pluskurs Architektur mit Dr. Wolfgang Richter

### Einleitung

*Der Pluskurs Architektur ist eine Salzburger Besonderheit. Dieser Kurs wird als Freigegenstand des Landesschulrats für Salzburg für begabte Schülerinnen und Schüler von Wolfgang Richter im PG Herz Jesu Missionare geleitet und wird seit einigen Jahren fächer- und schulübergreifend als Ganzjahresveranstaltung angeboten. Zusammen mit Architekten wird hier erfolgreich versucht, interessierten Schülerinnen und Schülern der Oberstufe von Salzburg und Umgebung eine Einführung in den Umgang mit Architektur zu geben.*

### Der erste Tag, Dreierprojekt

*Der ansprechende Werkraum des Herzjesu-Gymnasiums, der ehemalige Schlafsaal des Internats, stellte genügend Platz und Material bereit, um ohne große Worte sofort mit der Arbeit loszulegen. Da nicht genau bekannt war, ob die zwölf angemeldeten Teilnehmer aus den verschiedensten Schulen auch tatsächlich erscheinen würden, haben sich Wolfgang Richter und der Workshopleiter entschlossen, kurzerhand selbst mitzuarbeiten. Die Dreier-Teams wurden durch das Los bestimmt. Die Aufgabe bestand wiederum darin, eine schiefe Ebene in Grundriss Schnitt und Modell in Gruppenarbeit gleichzeitig zu bearbeiten. Für Grundriss und Schnitt wurde das Format A3 gewählt und auch die Bodenplatte des Modells sollte im selben Format hergestellt werden. Die kurze Einführung des Architekten beschäftigte sich mit technischen Fragen und beinhaltete eine Erläuterung der Ausgangsposition sowie die Klärung von grundlegenden Begriffen: Konkret wurden Grundriss, Schnitt und deren Zusammenhang mit einem Modell besprochen. Es wurden auch unterschiedliche Darstellungsmöglichkeiten von Erde und Luft erläutert. Erde hat Masse und ist schwer, Luft ist leicht und durchlässig. Dies sollte auch in der Darstellung des jeweiligen Elements*

Abb. 22: Arbeitseifer Schnittmodell, Pluskurs Architektur

berücksichtigt werden. Nach diesen kurz gehaltenen Ausführungen begann das Austauschspiel im zehn Minuten Takt. Vorgesehen war, auf dem Grundriss zu zeichnen und aus dem Schnitt eine Collage aus Farbpapier und Zeitungsausschnitten anzufertigen. Das Modell war aus altem Verpackungsmaterial (brauner Wellkarton) und Holzstäbchen zu bauen. Die Heißklebepistolen erwiesen sich in diesem Zusammenhang als sehr nützlich. Es gab einige Unsicherheiten, die in Fragen wie zum Beispiel „Ist das richtig so?", und „Was soll ich jetzt machen?" geäußert wurden. Diese und ähnliche Fragen mussten die Workshopteilnehmer aber selbst beantworten. Das Thema war das Bearbeiten einer Grundlage und das Reagieren auf das Vorgefundene. Die Regeln des Austauschspieles waren klar: Es darf hinzugefügt und weggenommen werden. Es gibt kein vordergründiges „Richtig" oder „Falsch". In den zur Verfügung stehenden 10 Minuten darf nur auf der eigenen Grundlage gearbeitet werden und zwar möglichst mit den vorgegebenen Mitteln. Nach kurzer

Zeit wurde richtig los gelegt und der „exquisite corpse" Faktor begann zu wirken. Die Unterlagen entwickelten zusehends ein Eigenleben. Sie wurden durch den kontinuierlichen Austausch von Einzelarbeiten zu Gruppenprodukten. Von den fehlenden Personen ist keine mehr aufgetaucht. Daher mussten auch Wolfgang Richter und der Workshopleiter ihr gemeinsames Projekt zusammen mit einem dritten Teilnehmer in den nächsten eineinhalb Stunden zu Ende bringen und schließlich als Abschluss des ersten Tages gemeinsam präsentieren und besprechen.

**Der zweite Tag, das zweite Dreierprojekt**
Anstatt der schiefen Ebene waren diesmal die Modelle des ersten Tages der Ausgangspunkt für die Gruppenarbeit. Die Aufgabe war es, einen kleinen Bereich aus dem Zentrum des jeweiligen Modells zu vergrößern und in Grundriss, Schnitt und Modell zu bearbeiten. Es waren keine Vorarbeiten notwendig und so begann, sofort die erste Arbeitseinheit. Als die Informationen von den

Ausgangsmodellen mehr oder weniger übertragen waren, wurden die Vorlagen entfernt. Bei der späteren Präsentation konnte festgestellt werden, dass sich das Abstraktionsvermögen der meisten Schüler schnell den veränderlichen Bedingungen angepasst hatte, und die Arbeiten verglichen mit den Projekten des ersten Tages einen Qualitätssprung in technischer und grafischer Ausführung gemacht hatten. Die Schnitte und Grundrisse wurden zunehmend in einer Mischtechnik zwischen Zeichnung und Collage ausgeführt. Die einzelnen Projekte, gewannen an gemeinsamen Charakter und, ließen in vielen Fällen eine durchgehende Gestaltungslinie erkennen. Gruppendynamisch wurde das Austauschen gemeinhin für gut und anregend befunden. Mit dem Überarbeiten und überarbeitet werden hatten die wenigsten Probleme.

### Der dritte Tag, der große Schnitt

Um die zuvor festgestellte grafische Leistungsfähigkeit dieser Gruppe zu fordern, wurden bei der Anlage des großen Schnittes einige zusätzliche Entscheidungen getroffen. Eine große Rolle graues Papier in Höhe von ca. 80cm (eigentlich eine Mal-Unterlage) wurde auf den zusammengestellten Tischen ausgerollt. Jeder Teilnehmer hatte einen Bereich von ca. 50 cm Breite zu bearbeiten. Die Sitzordnung wurde ausgelost, dabei war zu beachten, dass Schülerinnen und Schüler, die miteinander eher mehr zu besprechen hätten, nicht unbedingt nebeneinander zu sitzen kamen, da die Arbeit eher ohne Worte vonstatten gehen sollte. Die Aufgabe bestand darin, einen großen zusammenhängenden Schnitt zu erzeugen. Dazu wurde ein in den vorhergehenden Einheiten produziertes Modell je zwei nebeneinanderliegenden Arbeitsplätzen als Inspirationsquelle

zugeteilt. Jeder hatte die auf seiner Modellhälfte vorhandenen räumlichen Informationen vergrößert auf das Papier zu übertragen. Zuerst durfte nur mit Bleistift gearbeitet werden. Nach der zweiten oder dritten Arbeitseinheit von zehn Minuten wurden wenige Farben verteilt: Rot, Orange und irgendwie hat sich auch Hellblau dazu geschwindelt. In den nachfolgenden Arbeitseinheiten wurde nach und nach Collagematerial verwendet. Die Vorlagen, deren Informationsgehalt weitgehend bereits in den Schnitt eingearbeitet worden waren, wurden entfernt. Es sollte in den abschließenden Arbeitsrunden der Interpretationskraft und der freien Assoziation möglichst nichts in den Weg gelegt werden. Das Ergebnis übertraf alle Erwartungen. Die Schülerinnen und Schüler, offensichtlich durch die Anfeuerungen des Experten zu Höchstleistungen getrieben, waren jedoch zu müde, um ihren gemeinschaftlichen Erfolg richtig genießen zu können. Denn bei der nachfolgenden Besprechung äußerten sich die Schülerinnen und Schüler überraschenderweise eher kritisch zum hervorragenden Ergebnis ihrer Arbeit. Positiv wurde jedoch der Ablauf des Austauschspieles beurteilt, wobei diesmal alle Teilnehmer in der Produktion eines großen Werkstückes vereint worden waren. Der große Schnitt durch eine Stadt oder die „Skyline", wie die ca. 6 Meter lange und 80cm hohe Collage auch genannt wurde, war sozusagen die ultimative Gruppenarbeit.

### Der vierte Tag, das Schnittmodell

Thema war in Einzelarbeit eine dreidimensionale Interpretation eines Teilbereiches des großen Schnittes zu wagen. Die Schnittcollage wurde an der Wand befestigt. Davor wurden die Arbeitstische aufgestellt und die Tiefe des sogenannten Schnittmodells wurde mit ca. 30 Zentimetern

Abb. 23: Ausschnitt: großer Schnitt und Schnittmodell, Pluskurs Architektur

festgelegt. Ein Schnittmodell ist eine Übergangsform zwischen Schnitt und Modell, wobei dem Schnitt eine „kleine" dritte Dimension verliehen wird. Breite und Höhe wird zu eins vom großen Schnitt übernommen. Im Schnittmodell sollten, schwer und leicht, Erde und Luft, Körperlichkeit und Konstruktion thematisiert werden. Die Übergänge und Anschlusspunkte sollten nachbarschaftlich gelöst werden. Zum Schluss musste es möglich sein, alle Modelle zusammenzustellen und auf diese Weise ein großes Schnittmodell zu bekommen. Bei der Bearbeitung eines Individualprojekts am Ende des Workshops kann der Lernfortschritt der einzelnen Teilnehmer überprüft werden. Haben die Teilnehmer die gleichen Anfangsschwierigkeiten wie vor dem Workshop, sind sie experimentierfreudiger, gibt es Schwierigkeiten bei der Interpretation von Schnitt in Modell, wäre dies ohne den vorherigen Workshop anders gewesen. Alle diese Fragen können bei der nachfolgenden Schlussbesprechung gemeinsam erörtert werden, wobei eine Einzelpräsentation als Ausgangspunkt sinnvoll ist.

## Zusammenfassung

Eine gute Jury zeichnet sich dadurch aus, dass ihre Tipps und Bemerkungen treffend sind und dem Teilnehmer nahe gehen. Natürlich haben Kreationsprozesse ursächlich mit der schaffenden Person zu tun und geben immer etwas von dieser Persönlichkeit preis. Bei behutsamer Kritik und einfühlsamer, aber klarer Besprechung der Arbeit ist es möglich, dass Teilnehmer selbst nach einer Phase längeren Nachdenkens zuhause, unter Umständen auch noch nach einigen Tagen oder Wochen, neue Aspekte freilegen können, die zunächst nicht wahrgenommen wurden oder deren Tragweite anfangs nur teilweise erkannt wurde.

Abb. 24: Arbeiten bis zur letzten Sekunde, 1.Klasse Volksschule

## 6.4. Austauschspiel mit einer ersten Klasse Volksschule: „Schule im Park", Währingerstr. 43, 1090 Wien, Lehrerin: Dr. Renate Monghy

### Die erste Runde: erster Tag, Collagen im Austauschspiel

*Meine erste Gruppe bestand aus der Hälfte der ersten Klasse (zehn Volksschülern), die ich für eine Unterrichtseinheit, fünfzig Minuten, zu unterhalten hatte. Meine Aufgabe war die Adaption des Austauschspieles auf die Bedürfnisse von Volksschülern. Die Teilnehmer wurden auf die drei vorhandenen Tische aufgeteilt. Das Thema war das Erarbeiten einer Schnittcollage. Beim Vorbereiten der Grundlagen, ich hatte mir weiße A3 Blätter als Hintergrund und schwarzes Papier für die geschnittene Erde ausgesucht, war klar, dass einige Kinder keine Schere und die Hälfte der Klasse nur eingetrocknete Klebetuben zur Verfügung hatten. Die Aufregung der Kleinen infolge meiner Intervention im Unterricht war natürlich verständlich. Schließlich gelang es uns*

*doch, alle Schüler zum Zeichnen und Basteln zu bewegen. Da aber einige schon längst begonnen hatten, während andere die Arbeit solange wie möglich hinauszögerten, mündete der Versuch, den ersten Arbeitsplatzwechsel zu vollziehen, in ein mittleres Chaos. Einige waren froh, ihr leeres Blatt verlassen zu können, andere nahmen das Blatt mit auf den neuen Arbeitsplatz. Natürlich konnten die meisten nicht nur die Plätze wechseln und mit den Werkzeugen des Nachbarn weiterarbeiten, es mussten die eigenen Werkzeuge mitgenommen werden. Die größten Schwierigkeiten beim Tauschen aber hatten jene, die von Anfang an gearbeitet hatten. Sie hatten mit Ihrem Blatt bereits Fortschritte erzielt und folglich eine starke emotionale Bindung zum eigenen Werk aufgebaut. Sie wollten weder Ihren Platz wechseln noch Ihre Zeichnung von anderen bearbeiten lassen; in zwei Fällen gab es sogar Tränen, schließlich gelang es die betroffenen Schüler zu beruhigen und zum Austausch der A3 Blätter zu bewegen. In diesen Fällen war der intensive Bezug zum Anfangswerk*

Abb. 25: Collagen im Austauschspiel, 1.Klasse Volksschule

während des gesamten restlichen Austauschspiels hindurch präsent und wurde auch von den andern Teilnehmern am Tisch akzeptiert. Waren von Nachbearbeitern größere Interventionen geplant, wurden die Urheber rücksichtsvoll gefragt, oder Sie gaben von sich heraus laufend Anweisungen, wie Ihr Werk weiter zu bearbeiten sei. Nach Beendigung des Austauschspieles hab ich eine kurze Fragerunde in der Klasse durchgeführt, wobei sich herausstellte, dass durchwegs freundlich mit den ausgetauschten Unterlagen und den Ideen der anderen umgegangen worden ist. Einige Schüler haben sich sogar für schöne Einzelheiten in der Zeichnung bei anderen Bearbeitern bedankt. Das mehrmals lautstark geäußerte: „Nicht, das ist mein Blatt!" beim ersten Platzwechsel war nur zu Beginn ein Problem.

**Die erste Runde: zweiter Tag, Collagen im Austauschspiel**
Siehe die Beschreibung des Austauschspieles Seite 5

**Die zweite Runde: dritter Tag,**

**Modellbau im Austauschspiel**
Die erste Hälfte der ersten Klasse bestand diesmal nur aus acht Schülern, die ich auf zwei Tische verteilte. Sie waren sehr froh und aufgeregt, als ich die keilförmigen Kartongrundlagen verteilte. Da wir schon eingearbeitet waren, ließ ich immer zwei Personen an einem Modell arbeiten. Da mit der Schere geschnitten werden musste, bestand das Arbeitsmaterial aus Wellkarton und verschiedenen Arten von dünnem Karton. Dazu kamen noch vorgefundene Holzklötzchen, dünne Holzstäbe und rosa Styrodur, ein leicht zu verarbeitendes Wärmedämmaterial. Das rosa Styrodur offenbarte einige unerwartete Qualitäten bei der Arbeit mit den Kindern. Die Konsistenz des Werkstoffes war weich genug, um leicht mit den Händen oder leichtem Werkzeug bearbeitet werden zu können. Dennoch ist Styrodur auch mit kleinen Abmessungen stabil genug, um dünnen Holzstäbchen festen Halt zu bieten. Dadurch wurden dreidimensionale Konstruktionen ohne Klebematerial ermöglicht. Im Gegensatz zu Karton oder

Holzstäbchen hat Styrodur allein durch seine Dicke schon Körperlichkeit. Durch das Zusammenstecken von mehreren Klötzchen mit Holzstäbchen ist in relativ kurzer Zeit und ohne großen Aufwand plötzlich ein räumliches Gebilde entstanden. Als Kleber mussten wir auf den etwas problematischen Leim zurückgreifen, da die Heißklebepistole aus Sicherheitsgründen nicht in Frage kam. Meinen Heißkleber hatte ich jedoch dabei, um bei gewagteren Konstruktionen in Krisensituationen die Modelle schnell stabilisieren zu können. Nach kurzem Widerspruch beim ersten Wechsel wurden später jedoch die Plätze umso lieber getauscht. Eine gängige Frage lautete sogar: „Wann tauschen wir wieder die Plätze?" Nach der intensiven Beschäftigung mit dem Schnitt in der ersten Stunde war generell ein großes Bedürfnis nach Basteln und Dreidimensionalität zu spüren. Auffallend war, dass bei drei von vier Modellen über die Grundlage hinaus gebaut wurde. Zweimal ist sogar der Untergrund des vorgegebenen Keiles bearbeitet worden. Einmal, um das Modell quasi auf einen Sockel zu stellen, und ein weiteres Mal, um die vorgegebene Schräge in eine gerade Grundebene umzuwandeln.

### Die zweite Runde: vierter Tag, Modellbau im Austauschspiel

Der zweite Tag mit der zweiten Hälfte der ersten Klasse, diesmal acht Leute, Das rosa Styrodur war ausgegangen, und die Ausarbeitung der produzierten Objekte blieb eher flächig. Die Vorgangsweise erfolgte analog zum dritten Tag. Die Kinder sollten ein Gemeinschaftsgefühl für die zwei am Tisch produzierten Werkstücke erhalten. Alle waren hocherfreut, dass sie endlich Modelle basteln durften. Das Wechseln der Plätze war wieder teilweise mühsam und von Unmut begleitet. Teilweise war das

Austauschen sehr leicht und eine willkommene Abwechslung. Ohne das schnell verarbeitbare Styrodur war eine gewisse Dreidimensionalität viel schwieriger zu erreichen. Die Modelle wurden daher auch weniger vielgestaltig. Die vorgefundenen Materialien wurden fantasievoll eingesetzt und es ist sogar einige Male gelungen, alle kleinen Teilnehmer in eine konstruktive Arbeitsatmosphäre zu versetzen.

### Nachbesprechung der ersten Klasse
Alle Schüler hatten Spaß gehabt und ich wurde gefragt ob ich noch weitermache. Auf meine Verneinung wurde generell gerufen „Schade!" Viele Schüler konnten sich überdies gut an ihre Werke erinnern und bevorzugten mehrheitlich das Basteln gegenüber dem Zeichnen. Eher Kritisch wurde der Austausch der Werkstücke untereinander bewertet.

### Zusammenfassung 1.Klasse
Die Kinder sollten weder gelangweilt noch überfordert sein und wenn möglich sogar ein bisschen Spaß beim Austauschspiel haben dabei gab es Startschwierigkeiten. Am Anfang machte ich den Fehler, die Kinder zu lange an einer Grundlage arbeiten zu lassen. Dadurch entstanden sofort einige schwierige Situationen, da die Identifikation mit dem eigenen Objekt schon nach kurzer Bearbeitungszeit relativ intensiv wurde. Die Weitergabe des eigenen Werkstückes ist den Schülern der ersten Klasse am schwersten gefallen.

Abb. 26: Collage mit Medienwechsel im Austauschspiel, 2.Klasse Volksschule

## 6.5. Austauschspiel mit einer zweiten Klasse Volksschule: Schule im Park, Währingerstr. 43, 1090 Wien, Lehrerin: Daniela Kästner

### Die erste Runde, der erste Tag, Modellbau mit Austauschspiel

*Mit den zwölf Schülern, der ersten Hälfte der zweiten Klasse, wollte ich basteln. Ich hatte mir das ganz leicht vorgestellt. Zuerst sollte schnell die Bodenplatte gebastelt werden und anschließend mit dieser Grundlage als „Bauplatz" das Austauschspiel durchgeführt werden. Bei anderen Workshops war diese Vorgehensweise kein Problem gewesen. In diesem Fall war jedoch der Gebrauch der Heißklebepistole für die Kinder aus Sicherheitsgründen nicht möglich. Da wir nur Leim zur Verfügung hatten, benötigten wir nur für das Herstellen der Bodenplatten schon die gesamte Unterrichtseinheit. Das Resultat dieser Stunde waren daher lediglich sechs graue Kartonmodelle als Grundlagen für das Austauschspiel. Das musste sich ändern, denn ehrgeiziges Ziel*
meines Versuches war es auch, in jeder zur Verfügung stehenden Unterrichtseinheit kleine abgeschlossene Projekte zu produzieren.

### Die erste Runde: der zweite Tag, Modellbau mit Austauschspiel

*Um das Basteln der Grundlagen zu verkürzen, war es notwendig für die Modelle fertige Grundlagen zu verwenden. Im Werkraum lagerten einige Kartonschachteln. Das Verpackungsmaterial wurde von mir kurzerhand zu keilförmigen Grundplatten zugeschnitten, und an die Kinder verteilt. So war es möglich, sofort mit dem Austauschspiel zu beginnen und in ca. 45 Minuten in vier Gruppen sieben kleine Modelle zu erarbeiten. Ein Modell wurde von jeweils zwei Personen betreut. Diese Personen wechselten innerhalb der Gruppe aber laufend die Plätze. Diesmal war es eine erfolgreiche Unterrichtseinheit. Es war gelungen, den Austauschprozess mit Modellen optimal zu gestalten. Vereinzelt gab es Missverständnisse über das Wechseln im Uhrzeigersinn, und einige Schüler*

Abb. 27: Collagen im Austauschspiel, 2.Klasse Volksschule

wollten am eigenen Platz bleiben. An einem anderen Tisch hatte man soviel gefallen am Platzwechsel gefunden, dass die diese Schüler eigenmächtig zweimal öfter wechselten.

**Die zweite Runde: der dritte Tag, Modellbau mit Austauschspiel**
Siehe: Das Austauschen Seite 8

**Die zweite Runde: vierter Tag, Medienwechsel mit Austauschspiel**
Diesmal arbeitete ich wieder mit der zweiten Hälfte der zweiten Volksschulklasse. Das Thema diesmal war die Überführung in ein anderes Medium im Austauschspiel. Die in den letzten Stunden angefertigten Modelle sollten in Form von Zeichnungen und Collagen dargestellt werden. Die zwölf Kinder wurden in drei Gruppen aufgeteilt. Ich wählte drei Modelle vom letzten Mal als Vorlagen aus. und stellte sie in die Mitte der drei Tische. Die Kinder sollten versuchen, die jeweils Ihnen zugewandte Seite des Modells auf Papier zu bringen. Als Grundlage diente ein weißes Blatt Papier mit schwarzem Untergrund. Je nach Ansichtsseite schnitten die Schüler eine schiefe Ebene von der Seite, einen kleinen Streifen von vorne, und einen breiten Streifen schwarzes Papier als rückwärtige Ansicht aus und klebten diese Teile auf das weiße Blatt. Nach dieser Vorbereitung wurden sofort die Plätze getauscht. Auf jedem Tisch rückten die Teilnehmer einen Platz im Uhrzeigersinn weiter, und jedes Kind begann mit der Zeichnung des vor ihm stehenden Modells. Die weitere Bearbeitungsschritte erfolgten je nach Wunsch mit Bleistift oder in Collage-Technik. Ich versuchte diejenigen Kinder, die nur zeichneten, dazu zu bewegen, es auch mit Schere und Papier zu versuchen. Das Verständnis darüber, wie eine Ansicht und ein Schnitt zu zeichnen sind, wurde einwandfrei transportiert, da die Kinder ja selbst Ansichten und Schnitte anfertigten. Diese Zusammenhänge mit Worten zu vermitteln wäre ungleich schwieriger gewesen und hätte darüber hinaus sicher nicht soviel Spaß gemacht als sie durch praktische Anwendung selbst zu erfahren. Kein Tisch hat vor der schwierigen Aufgabe kapituliert. Man konnte nach Fertigstellung viele Einzelheiten der

Vorlage und auch den Gesamteindruck in der jeweiligen Bearbeitung wiedererkennen. Durch das Wegnehmen der Vorlagen nach einiger Zeit und der Aufforderung selbständig Sachen einzufügen, wurden die eher kubisch architektonischen Vorlagen wunderbar belebt, indem. Prinzessinnen Flugzeuge, Raumschiffe und Drachen hinzugefügt wurden. Den eher abstrakten Darstellungen wurden ohne Probleme Maßstab und Materialität verliehen.

### Die dritte Runde: der fünfte Tag, Medienwechsel mit Austauschspiel

Die Ergebnisse der anderen Hälfte der zweiten Klasse beim Medienwechsel waren sehr interessant. Auch diese Gruppe sollte die Gelegenheit erhalten, den Medienwechsel einmal durchzuführen und das erfolgreiche Modell zu erproben. Als Grundlage zur Bearbeitung wurde pro Tisch ein Modell vom letzten Mal ausgewählt und in die Mitte des Tisches gestellt. Von diesem Modell sollten die Ansichten bzw. Schnitte von vier Seiten gezeichnet und dann in Collage-Technik vervollständigt werden. All dies sollte im Austauschverfahren stattfinden. Der Mediumwechsel hat sowohl für das Verständnis der Schüler als auch innerhalb der Gruppen an den Tischen überraschend gute Ergebnisse gebracht. Zusätzlich erfreut war ich auch von den gelungenen Collagen, die produziert wurden. Obwohl die Gruppenarbeit nach dem Austauschprinzip bei den Kindern dieses Alters nicht besonders beliebt ist, hat diese Klasse ihre Vorzüge zum Teil selbst erkannt und dies auch in der Nachbesprechung artikuliert.

### Nachbesprechung der zweiten Klasse

Die Nachbesprechung mit der zweiten Klasse fand mit allen 25 Schülern gemeinsam statt. Zu meiner Freude standen alle dem Projekt positiv gegenüber.. Einige Schüler haben berichtet, dass durch die Zusammenarbeit und das gegenseitige Einflussnehmen überraschende und unerwartete Lösungen entstanden sind. Es war aber auch ein Unbehagen dahingehend zu spüren, dass bei der Gruppenarbeit die eigenen Sachen von den anderen manchmal nicht mit der gebührenden Vorsicht behandelt worden waren. Generell sei aber – so der Grundtenor– gut mit den Vorlagen der anderen umgegangen worden. Im Rahmen einer kollektiven Befragung und Abstimmung per Aufzeigen stellte sich heraus, dass einige Kinder gerne nochmals gemeinsam arbeiten würden, die meisten würden aber das gleiche Programm lieber alleine absolvieren.

### Zusammenfassung 2. Klasse

Genauso wie mit der ersten Klasse hat nach überlegter Vorbereitung das Austauschspiel mit den Schülern der zweiten Klasse Volksschule grundsätzlich gut funktioniert. Die bemerkenswerteste Neuerung war sicher der Medienwechsel mit Austauschspiel, wobei nach einer Dreidimensionalen Vorlage Collagen gefertigt wurden. Das hat wirklich außergewöhnlich gute Ergebnisse gebracht und war zusätzlich genau auf die eine zur Verfügung stehende Unterrichtseinheit abgestimmt. Mit meinem Austauschspiel wieder Experimente zu machen und die Grenzen der Methode zu erproben bzw. neu zu definieren, war genau das, was ich mir bei der Vorbereitung für dieses Projektes erhofft hatte.

Abb. 28: Dreierprojekt, 3.Klasse Volksschule

## 6.6. Austauschspiel mit einer dritten Klasse Volksschule: Schule im Park, Währingerstr. 43, 1090 Wien, Lehrer: Peter Sykora

### Die erste Runde: der erste Tag, Austauschspiel mit Dreierprojekt

*In der dritten Klasse gab es pro Woche zwei gestaffelte Unterrichtseinheiten Werken. Genug um mit den Volksschülern das Austauschspiel mit Dreierprojekt zu versuchen. Die zwölf Teilnehmer wurden in drei Gruppen aufgeteilt. An jedem der drei Werktische sollte ein Projekt bestehend aus Grundriss, Schnitt und Modell entstehen. Grundriss und Schnitt in Collage-Technik wurde jeweils von einer Person bearbeitet, während das Modell von zwei Personen zu bearbeitet wurde. Die Erde war schwarz, die Luft weiß darzustellen. Zuerst sollte nur schwarzes und weißes Papier und ein Bleistift benutzt werden, erst am Schluss konnte man zu den Collagen auch farbiges Krepp-Papier hinzufügen. In zwei Stunden sind drei*

*abgeschlossene Kurzprojekte entstanden. Als am Schluss der Lehrer sagte: "So, und jetzt ist es aus!" schrieen alle: "Nein, noch nicht!" Bei diesem ersten Durchgang benutzten wir weder vorbereitete Bodenplatten noch nutzten wir die Vorteile, die rosa Styrodur zu bieten hat. Die Räume mussten alle aus flächigen Materialien wie Karton gebaut werden. Die entwickelten Projekte hatten jeweils viele Gemeinsamkeiten und wiesen Merkmale durchgehender gemeinschaftlicher Komposition auf.*

### Die erste Runde: der zweite Tag Austauschspiel mit Dreierprojekt
*Siehe: Der Medienwechsel",
Seite 10*

### Die zweite Runde: der dritte Tag, Austauschspiel mit Dreierprojekt
*Zuerst wurden die Ergebnisse vom letzten Mal besprochen. Alle haben sich beteiligt und gerne ihre individuellen Standpunkte eingebracht. Dabei zeigte sich einerseits, dass die wenigsten mit diesem Konzept der Zusammenarbeit Probleme hatten. Andererseits wurden die*

Abb. 29: Dreierprojekt, 3.Klasse Volksschule

stimulierenden Seiten dieser Herangehensweise nur von wenigen unmittelbar wahrgenommen und klar zum Ausdruck gebracht. Das generelle Thema des zweiten Treffens war das Arbeiten mit einer Vorlage. Drei Modelle aus der Arbeit mit der zweiten Klasse, wurden in die Mitte der Arbeitstische aufgestellt. Ausschnitte dieser Modelle sollten stark vergrößert jeweils wieder in Grundriss, Schnitt und Modell dargestellt werden. Das vergrößerte Darstellen eines Teilbereiches, um diesen dann mit Innenleben zu erfüllen, erwies sich als eine schwierige und abstrakte Aufgabe für eine dritte Klasse Volksschule. Die Arbeiten haben trotz anfänglicher Schwierigkeiten vor allem beim Vergrößern des Teilbereiches einen hohen Grad an Abgeschlossenheit erreicht. Beim Vergrößern war nur gefordert, den Eindruck des größeren und detailreicheren Maßstabes mit dem Charakter der Arbeiten zu vermitteln.

**Die zweite Runde: der vierte Tag, Austauschspiel mit Dreierprojekt**
Zuerst wurden wieder die Ergebnisse vom letzten Mal besprochen. Dabei hat sich auch bei dieser Hälfte der Klasse herausgestellt, dass die wenigsten mit diesem Konzept der Zusammenarbeit Probleme hatten. Die stimulierenden Seiten der Herangehensweise wurden auch hier geschätzt. Das Thema des zweiten Treffens war das vergrößerte Bearbeiten eines Ausschnittes einer Vorlage. Statt des Grundrisses sollte diesmal ein Längsschnitt erarbeitet werden, der Querschnitt und das Modell blieben Teil der Aufgabe. Es stellte sich heraus, dass das Übernehmen und Bearbeiten von Formen und Materialien und auch Stimmungen aus der Vorlage kein Problem darstellte. Das Herausnehmen und Vergrößern von einzelnen Teilen und Zusammenhängen wurde allgemein als eher schwierig empfunden. Die Kinder haben sehr angestrengt gearbeitet und gerieten sogar in eine Art „Flowzustand", bei dem die Umgebung ausgeblendet wird und das Zeitgefühl verloren geht. Eine Besonderheit war, das uns die vielgeliebte und gebrauchte rosa Styrodurplatte ausgegangen ist. Daher

Abb. 30: Präsentation, 3.Klasse Volksschule

wurden auch teilweise Kuben aus Karton oder anderen Materialien erarbeitet. Es wurde verstanden, dass ein Projekt aus drei Dingen besteht, nämlich Querschnitt Längsschnitt und Modell, die in jedem der drei angefertigten Projekte viel miteinander gemeinsam hatten. Das Vokabular beim Umgang mit Raum am Modell und Zweidimensionalität am Blatt Papier war umfangreich und bestechend klar.

### Nachbesprechung der dritten Klasse

In dieser Klasse fand die am besten organisierte Nachbesprechung statt. Es wurde versucht, die Erinnerung noch einmal aufzufrischen, und mittels währen der Arbeit gemachten Fotos die Kinder auf das Verfassen eines eigenen Textes bzw. die schriftliche Beantwortung einiger vorbereiteter Fragen vorzubereiten. Der Lehrer hatte vor, das Austauschspiel, Arbeiten mit Platzwechsel, als „Thema der Woche" einzuführen. Eine Woche lang sollten mit den Schülern verschiedene Aspekte des Erlebten herausgearbeitet und gemeinsam analysiert werden. Als

Resultat erhielt ich von jedem Schüler einen Text mit den beantworteten Fragen und einigen selbst verfassten Zeilen.

### Zusammenfassung der dritten Klasse

Ab der dritten Klasse Volksschule mit den zwei zusammenhängenden Werkstunden, kann das Dreierprojekt im Austauschspiel ohne größere Adaptionen durchgeführt werden. Die Erwartungshaltung ist jedoch dem Leistungsniveau entsprechend anzupassen. Das Feedback der Volksschüler, das ohne Gruppenzwang und ohne Anwesenheit des Workshopleiters verfasst wurde, hat eine unmittelbare Bestätigung der Ansätze, die durch das Austauschspiel vermittelt werden, ergeben.

# 7. Anhang

## 7.1. Das Austauschspiel in Forschung und Lehre

Seminar Kunstschule Wien 2003, mit Arch. Christian Panek, März 2003.
Dank an Kunstschule Wien, DI Martina und Norbert Grabensteiner.

Workshop BG St. Johann/PG 2005/06, 8. Klasse mit Mag. Rudolf Portenkirchner von November 2005 bis Januar 2006.
Dank an Mag. Rudolf Portenkirchner den Verein Architektur Technik und Schule, Salzburg.

Workshop beim Pluskurs Architektur Salzburg 2006, mit Dr. Wolfgang Richter
Dank an Dr. Wolfgang Richter und den Verein Architektur Technik und Schule, Salzburg.

RaumGestalten in der Volksschule Schule im Park Währingerstr 46, 1090 Wien, 2007, mit Dr Renate Monghy, 1. Klasse, Daniela Kästner, 2. Klasse und Peter Sykora, 3. Klasse, März bis Mai 2007
Dank an Dr Renate Monghy, Daniela Kästner, Peter Sykora und die Initiative RaumGestalten gefördert von Kulturkontakt Austria, Architekturstiftung, Kammer der Architekten und Ingenieurkonsulenten, Österr. Institut für Schul- und Sportstättenbau

Danke an alle Schüler und Studenten die so hervorragend mit uns zusammengearbeitet haben.

## 7.2. Die Entwicklung des Ansatzes

**Städtebauseminar Michael Sorkin**, 1994
Für die Dauer eines intensiven Semesters wurde unter Anleitung von Prof Michael Sorkin und Assistent Maitland Jones versucht, mit zehn Studenten eine Stadt zu entwickeln, teilweise in Teamarbeit und teilweise mittels Individualprojekten.
Arbeitsmethoden: „exquisite corpse" es wurden vielfältige Objekte mit dieser Herangehensweise bearbeitet Angefangen von der architektonischen Zeichnung (Stadtplan, Grundriss, Schnitt) zu Collagen und farbigen Malereien bis zu Schnittmodellen und städtebaulichen Modellen der Strichzeichnung Bearbeitungszeitraum pro Objekt waren vielfältig von einer Stunde bis zu einer Woche oft gefolgt von der Weitergabe des Objektes an andere Studenten.
„shifting media" Individualprojekte, Zwischenpräsetationen Presentation
Über ein Semester wurde versucht ausgehend von Einzelideen von Nachbarschaft und (charaktervollen) Orten ein gemeinsames Stadtbild zu entwickeln.

**Studentenprojekte** mit „exquisite corpse"
Wohnbauentwerfen „Last Exit Brooklyn", 1994/95
Erste Anwendung des erlernten Prinzips „exquisite corpse" ohne Anleitung.
Drei Studenten (Martin Huber, Ambros Spiluttini, Ludwig Starz) für ein Semester; städtebauliches Wohnbauentwerfen über einen desolaten Stadtteil von Brooklyn; New York City an der Technischen Universität Wien

Arbeitsmethoden: „exquisite corpse" „shifting media" keine Individualprojekte, Zwischenpräsetationen

Projekt Einfamilienhaus D., Salzburg 1995
Zeitgleiche Entwicklung von Grundriss, Schnitt und Modell für den Entwurf eines Einfamilienhauses, Bearbeitungszeitraum eine halbe Stunden dann Wechsel.
Drei Studenten (Ambros Spiluttini, Ludwig Starz, Norbert Steiner) zugleich Grundriss, Schnitt und Modell, Bearbeitungszeitraum

**Veröffentlichung: „a city nearby**, Michael Sorkin summer studio 94" 1996
(Hrsg.:) Christian Panek und Ambros Spiluttini
Theoretische und praktische Überarbeitung des Prinzips und nochmaliges durchdenken mit dem Ziel adäquater Visualisierung.
(exquisite Corpse) Austausch von Seitenlayouts wenn man nicht mehr weiter wusste oder konnte. Arbeitsmethoden: „exquisite corpse" „shifting media" Individualprojekte, Zwischenpräsentationen Präsentation

**Diplomarbeit unter Will Alsop**, Technische Universität Wien1995/96
Individualprojekt der Versuch das Prinzip des „shifting media" alleine zu erforschen; was leistet dieses Werkzeug ohne Gruppenarbeit ohne Stress Präsentation

**Master of Architecture unter Peter Cook** Bartlett London 1997/98
(teilweise shifting media und Gruppenarbeit mit Caterina Faggi)
Individualprojekt der Vertiefung der Erforschung von „shifting media"
Was leistet dieses Werkzeug ohne Gruppenarbeit mit starkem Stress und Zeitdruck; Auslotung der Grenzen von „Shifting Media" starke Betonung von „presentation"

**Anerkennungspreis für experimentelle Tendenzen in der Architektur 2006** für „Das Austauschspiel: experimentelle Architektur in der Schule"


## 7.3. Das Austauschspiel im Architekturbüro

Architektin Caterina Faggi Spiluttini und Architekt Ambros Spiluttini sind
**spiluttini architecture**

Verfeinern und praktisches Anwenden der beschriebenen Hilfsmittel nach Bedarf bei folgenden Projekten und Bauten:

Einfahrtstor und Eingang Firma Grossi Schwarzach 1994
Installation Blume Tautermann Schwarzach 1997
Haus Dr. Lauffer Goldegg 1997
Casa Grossi Goldegg 1998
Wettbewerb Santa Marta Venezia 1998,
Projekt Neubau Day-Care-Center Bambino della Luna Prato 1998/99
Installation Berlin Wings, mit C. Panek 1999
Wettbewerb Kindergarten Moos mit Arch. Ager 1999
Projekt Wiegehaus Ehrensberger Klammstein mit Sputnic 1999
Projekt Stall St. Vinzenz Schwarzach 1999
Projekt Haus Viehauser Zell am See 1999
Projekt Wohnbebauung Bierfürher Goldegg 1999
Projekt Wohnbebauung Tautermann Schwarzach1999
Umbau Berggasthof Bachrain 1999/2000

Wettbewerb Landesregierung Klagenfurt 2000
Projekt Haus Tschach Just Maiersdorf 2000
Projekt Königseggkapelle Schwarzach 2000
Projekt Wohnbebauung Lindl Feldkirchen iK 2000
Projekt Wellneszentrum Hotel Seehof Goldegg 2000
Projekt Umbau Haus Waldbauer Feldkirchen iK. 2000
Wettbewerb Stadtzentrum St. Johann/Pg mit Looping Architecure 2001
Haus Mild Wien 2001/02
Projekt Erweiterung Haus Dr. Költringer 2002
Projekt Haus W. in Oggau 2002
Projekt Haus Dr.Büchlmann, Werfenweng 2001
Projekt Erweiterung Haus Steger Aquileia 2002
Projekt Werkstatt St. Vinzenz 2002
Projekt Haus Schwab Goldegg 2002
Wettbewerb Zentrum Lehen Salzburg 2002
Projekt Haus Dr. S. Radstadt 2003
Installation Semper-Depot-Segel Wien mit Arch. M. Grabensteiner und Arch. C. Panek 2002
Installation WTA Stand Wien 2001 mit Arch. C.Panek
Wettbewerb Fachhochschule Feldkirchen 2002
Umbau Pension Springbrunnen Tulln 2002
Pension Villa Elli Böckstein 2002
Wettbewerb Mozarteum 2002
Wettbewerb Piazza Mercatale Prato 2002
Wettbewerb Schule Sasso Marconi mit Arch R. Fabiani 2003
Firmenzentrum Elektro Schartner 2003/04
Haus Koch Bachmann Baden mit Arch. P. Bitzan 2004/05
Haus Hopfner Sixt Kierling 2004/05
Haus Wallner Paris St. Pölten mit Arch. M. Ertl 2005/06
Haus Schartner St. Johann 2006/07
Haus Reitsamer Biedermann Salzburg 2006/07
Wettbewerb HTBL und HFA St. Pölten mit Loop_Ing architecture, 2007
Projekt Zubau Wirtschaftskammer, St. Johann 2007

# 8. Literaturverzeichnis

Alexander C., Ishikawa S., Silverstein M., Jacobson M., Fiksdahl-King I., Angel S., *A pattern language: towns, buildings, construction*. Oxford University Press, New York, 1977.

Csikszentmihalyi M., *Das Flow-Erlebnis*. Klett-Cotta, Stuttgart, 1987.

Csikszentmihalyi M., *Flow: Das Geheimnis des Glücks*. Klett-Cotta, Stuttgart, 1992.

Giedion S., *Space, Time and Architecture: The Growth of a New Tradition*. 5th ed., Harvard University Press, Cambridge (Mass.), 1982.

Koolhaas R., Mau B., *Small, Medium, Large, Extra-Large: Office for Metropolitan Architecture*. Benedikt Taschen Verlag GmbH, Köln, 1997.

Norberg-Schulz C., *Genius Loci: Towards a Phenomenology of Architecture*. Academy Editions, London, 1980.

Panek C., Spiluttini A., *A City Nearby: Michael Sorkin Summer Studio 94*. Böhlau Verlag, Wien 1996.

Reinberg F., *Motivation*. Kohlhammer, Stuttgart, 1995.

Rubin W. S., *Dada & Surrealist Art*. Harry N Abrams, New York City, 1985

Rubin W. S., *Dada, Surrealism and Their Heritage*. Museum of Moderm Art, New York City, 1968

Sorkin M., *Exquisite Corpse: Writing on Buildings*. Verso, London, 1991.

Spiluttini A., *Semisubmersible Concert Event*. Diplomarbeit, Technische Universitaet, Wien, 1996.

Spiluttini A., *hijab.* Thesis Report MArch in Architectural Design, The Bartlett, School of Architecture, University College London 1998.

# 8. Literaturverzeichnis